本人を動機づける

介護予防
ケアプラン
作成ガイド

はじめに

「介護予防ケアプランって，どのように書けばよいのでしょうか？」
「プランにかかる時間と手間が煩雑で…。何とかなりませんか？」
　地域包括支援センターの職員やケアマネジャーの皆さんから，このような相談を受けることが増えました。これは，介護予防事業が市町村の独自事業となり，都道府県レベルでの研修が開かれなくなったせいかもしれません。
　要支援の状態の高齢者はフレイル（容易に健康障害につながる心身の脆弱な状態）とされ，このフレイルは身体的要素，精神的要素，社会的要素の3つが互いに影響し合っています。これらの要素に適切な介入と支援を行えば，生活機能の改善・維持・向上は可能であるとも言われています。これまでは自助支援が中心でしたが，本人のモチベーションが続かないことも多く，近年は互助で自助を支え，地域で健康寿命を伸ばすための取り組みが全国の市町村で始まっています。
　市町村の高齢化率を抑制することは難しくても，市町村がフレイルにある高齢者にアプローチしたことで，要介護認定率の改善や介護保険料の据え置き・低下を実現させた例もあります。この要支援高齢者へのアプローチこそが，介護予防ケアマネジメントなのです。
　本書をまとめるに当たり，現場の悩める声を積極的に聴き取り，実際の介護予防ケアプランを100ケース以上読み込み，次の3つをコンセプトにしました。

- 面接の効率化：アセスメントとプレ・プランニングを本人と共に行うことで，リスクの意識化を図り，「私のプラン」の意識づくりを目指す。
- 個別性に着目：基本チェックリストと興味・関心チェックシートをアセスメントシートとして活用し，「本人らしさ」があふれる予防プランをつくる。
- 意欲の動機づけ：ポジティブな目標と自助・互助・共助を具体的に位置づけ，本人とケアチームが高いモチベーションを維持して取り組める自立（自律）支援を目指す。

　本書が目指す介護予防ケアプラン（介護予防サービス・支援計画書）は，本人がまだ意識していないリスクも含めて整理・見える化し，本人（家族）が健康な暮らしを取り戻すために，ケアチームと共に前向きに着実に取り組める「アクションシート」です。そして，介護予防のステージを通して，やがてやってくる要介護となった時の「私の生き方準備」をするきっかけになることも目指しています。
　本書が全国の介護予防ケアマネジメントにかかわる専門職のスキルとモチベーションを向上させると共に，利用者の自立（自律）支援に資することを願っています。

2019年3月

高室 成幸

目次

第1章 自立・自律支援の介護予防ケアマネジメント … 5

- 第1節 地域包括ケアシステムと介護予防ケアマネジメント … 6
- 第2節 「本人の意欲」への3つのアプローチ … 10
- 第3節 「自立支援」への3つのアプローチ … 12
- 第4節 「自律支援」への3つのアプローチ … 14
- 第5節 「互助支援」への3つのアプローチ … 16

第2章 トータルアプローチ 利用者と共にアセスメントからプレ・プランニングを行う … 19

- 第1節 トータルアプローチを行う目的と効果 … 20
- 第2節 トータルアプローチの流れ … 22
- 第3節 インテーク～利用者基本情報の聴き取り～ … 24
- 第4節 インテーク～思いの聴き取り～ … 26
- 第5節 アセスメント～現状把握から総合的課題～ … 28
- 第6節 プレ・プランニング ～本人の意向, 目標, 支援のポイント, 自助・互助・共助・公助など～ … 36
- 第7節 居住環境と近隣環境のアセスメント ～住み慣れたなじみの地域で暮らし続ける～ … 40
- 第8節 「課題整理総括表」の活用 … 42

第3章 基本チェックリスト活用法 … 45

- 第1節 質問から4つの領域の課題発見 … 46
- 第2節 運動・移動 … 49
- 第3節 日常生活（家庭生活） … 52
- 第4節 社会参加・対人関係・コミュニケーション … 54
- 第5節 健康管理 … 58
- 第6節 心の健康 … 61

第4章 興味・関心チェックシート活用法　65

- 第1節 質問から4つの領域の課題発見　66
- 第2節 ADL　70
- 第3節 IADL　74
- 第4節 外出　77
- 第5節 役割　78
- 第6節 人間関係　79
- 第7節 社会貢献（社会参加）　81
- 第8節 趣味（書く，読む，描くなど）　83
- 第9節 趣味（鑑賞する，楽しむ，遊ぶ）　86
- 第10節 趣味（動かす，競う，楽しく動く）　89
- 第11節 楽しみ（応援する，賭ける）　91
- 第12節 仕事（楽しむ，稼ぐ）　92
- 参考資料 意欲・動機づけシート　94

第5章 プランニング　95

- 介護予防ケアプラン（介護予防サービス・支援計画書）の解説　96
- 第1節 プランニングのポイント　98
- 第2節 本人等（自助：セルフケア）のプランニング　100
- 第3節 家族・親族・インフォーマル資源のプランニング　102
- 第4節 介護保険（介護予防）サービス　104
- 第5節 地域支援事業（介護予防・日常生活支援総合事業）　106
- 第6節 生活支援コーディネーター（地域支え合い推進員）との連携　108
- 第7節 保険外サービス＆民間サービスの活用　110

第6章 サービス担当者会議　113

- 第1節 サービス担当者会議の進め方　114
- 第2節 プレゼンテーションのポイント　116
- 第3節 本人（家族）を動機づける　118

第7章 モニタリング　　121

- 第1節　モニタリングのポイント　　122
- 第2節　介護予防サービス・支援の評価　　126
- 第3節　介護予防ケアマネジメントの引き継ぎ（非該当・要介護）における3つの情報提供　　128

第8章 介護予防ケアプラン9事例　　131

- 事例1　50年間続けた食品雑貨店を閉めて人との交流が激減。介護予防で社会参加を目指す　　132
- 事例2　脳梗塞後に歩行が不安定に。閉じこもりがちになった独居男性　　140
- 事例3　童謡コーラスの仲間が他界。ひきこもりがちとなった独居女性への支援　　148
- 事例4　右手の手根管症候群の痺れを生活リハビリテーションで改善し，家事の自立を目指す　　156
- 事例5　仕事人間だったが退職後に認知症を発症。1年後の温泉旅行を目指す　　164
- 事例6　得意の水墨画と阪神タイガース観戦で本人の意欲を引き出す　　172
- 事例7　古代史の会への月1回参加を目標に1日4,000歩の散歩と栄養改善に取り組む　　180
- 事例8　構音障害を改善し，編み物プレゼントとデイサービスでのボランティアで社会参加を目指す　　188
- 事例9　一人息子と調理場に立つことを目指し，運動型通所サービスに通う　　196

第 1 章

自立・自律支援の介護予防ケアマネジメント

第1節 地域包括ケアシステムと介護予防ケアマネジメント 6

第2節 「本人の意欲」への3つのアプローチ 10

第3節 「自立支援」への3つのアプローチ 12

第4節 「自律支援」への3つのアプローチ 14

第5節 「互助支援」への3つのアプローチ 16

第1節 地域包括ケアシステムと介護予防ケアマネジメント

　地域包括ケアシステムの目的は，介護・医療・地域・行政などが，要支援・要介護状態になった一人ひとりの日々の暮らしに寄り添い，本人の自立・自律を目指して連携し，支えていくことです。従来の縦割り支援を乗り越え，フラットで多様性を尊重する新しい支え合いの仕組み，それが地域包括ケアシステムの目指すところです。そして，その入り口にあるのが介護予防ケアマネジメントです。

1　要支援・要介護状態になる原因

　多くの人は支援や介護を必要としない暮らしを送っています。病気をしたり事故などでけがをしたりしても，適切な治療とリハビリテーションによって健康な心身に戻ることができます。しかし，適切な治療を受けてもリハビリテーションをしても，疾患や障害の慢性化，うつ症などの心身の状態によって要支援・要介護状態となったり，さらに，自立した生活を阻む住環境や周辺環境，支え手となる家族や近隣住民との関係の希薄化・断絶によって心理的孤独が増し，要支援・要介護状態がますます進行してしまったりすることがあります。

　要支援・要介護状態となる主な5つの原因を整理し，総合的にバランス良くアプローチすることが介護予防ケアマネジメントの基本です。

1）疾患（病気）

　介護が必要となる1つ目の原因は「疾患（病気）」であり，その代表的な疾患が次の5つです。

①脳梗塞・脳出血・くも膜下出血：脳の動脈に何らかの障害が発生し，脳の血管が詰まったり破れたりして，その先の細胞に栄養が届かず，細胞が死んでしまい意識障害や痺れ，半身麻痺，言語障害などの症状が出る脳血管疾患。

②狭心症・心筋梗塞：心臓の血流が悪くなり，心筋に栄養や酸素を運ぶための冠動脈がふさがることで起こる心疾患（心臓病）。

③糖尿病：体内のインスリンが不足し，血糖値を下げることができなくなる。

④パーキンソン病：手足の震えや筋肉のこわばり，動作緩慢，姿勢障害などの症状が現れる。

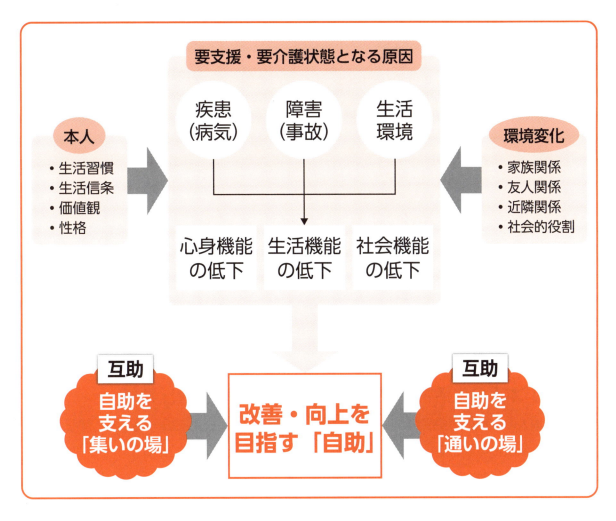

⑤変形性関節症・関節リウマチ：関節を動かす時に痛みが伴う関節疾患。
⑥アルツハイマー病・血管性認知症・レビー小体型認知症・前頭側頭型認知症：
　脳の変性疾患や脳血管障害によって，記憶や思考などの認知機能が低下して起こる疾患。

　さらに，高血圧症，脂質異常症などの生活習慣病，うつ病，統合失調症などの精神疾患がこれらに影響を及ぼすことになります。

2）事故による障害

　介護が必要となる2つ目の原因は「事故による障害」です。その多くは，転倒・転落などによる骨折や脳外傷です。歩行障害やバランス障害が原因で家の敷居や玄関，踏み石などにつまずいて起こる転倒，家の中での階段などを踏み外して起こる転落，外出した際に起こる交通事故（自転車，自動車），さらに認知症や服薬，視力障害などによりふらつきからくる転倒などがあります。

　高齢者は骨折の治癒に時間がかかるため，そのまま車いす生活や寝たきり生活になる場合が少なくありません。

3）生活環境（住環境・周辺環境）

　介護が必要となる3つ目の原因は，生活環境（住環境や周辺環境）です。

　住環境としては，居室を含めた屋内環境が狭い（あるいは広い）ために移動に障害がある，あるいは転倒や転落の危険があるといったことがあります。そのために移動を控え，下肢筋力の低下を招くことになります。また，それらのことが原因でIADL（生活行為：料理，洗濯，掃除など）を行うことに支障が生じ，生活行為そのものが減ることにもなります。

　周辺環境としては，目的地まで遠い，坂が多い，道路幅が広い，交通量が多い，交通機関がないなどが挙げられます。これにより，外出を控えることで閉じこもりになり，心身の状態を低下させることになります。

　なお，住環境や周辺環境は気候（猛暑，梅雨，厳寒，豪雪，凍結など）や災害（地震，台風，豪雨など）の影響を直接受けます。

4）本人の生活習慣，生活信条，価値観（人生観），性格

　本人の生活習慣や生活信条，価値観（人生観），性格も要支援・要介護状態を生む原因となります。不規則で高カロリーの食事，運動不足，過度なストレス，喫煙や過度の飲酒といった不健康な生活習慣は，高血圧や糖尿病，動脈硬化，脳梗塞などの疾患の原因に大きく影響しているからです。

　生活信条や価値観（人生観）は暮らしぶりに多大な影響を与えます。生活信条とは，「相手の立場に立って考える」「決めたことはやる」「責任を持って行動する」「嘘はつかない」など，どちらかというと道徳的・倫理的な日常生活での心がけと言ってもよいでしょう。生活信条の内容は，元々本人にとって困難なことも多く，克服できないとそれが自己評価の低下という反動を伴います。

　一方，価値観とは物事や行動を判断する時の「軸」になるものです。友情，愛情，信用，健康，感動，挑戦，自由，努力など80～100あります。価値観は本人の意欲などに大きく影響するため，それが満たされないと過大なストレスとなります。

　また考え方の傾向（癖）として，何事も前向きに考えるポジティブタイプなのか後ろ向きに考えてしまうネガティブタイプなのかも影響します。具体的には，気が強い・弱い，明るい・暗い，せっかち・のんびり，にぎやか・地味，優しい・きつい，厳しい・緩い，自由奔放・慎重などの性格が心身の健康を崩す原因となることもあれば，回復を促進したり障害になったりすることもあります。

　これらの1つあるいは複数が重なると「本人の意欲」が低下し，改善へのアクションを起こすことを避ける（控える）ことになることも想定されます。

5）家族関・友人・仲間・近隣住民との人間関係，社会的役割（責任）の変化

　家族や友人・知人と人間関係だけでなく，家族の中での役割（父・母，祖父・祖母，きょうだいなど）や社会的役割（仕事，町内会，地域組織やサークルなど）が損なわれることも要支援・要介護となる原因となります。

　家族は，身近な話し相手であり，いざという時には早めに気づける，サポートできる存在です。友人・知人は，共通の話題で盛り上がれるおしゃべり相手であり外出するきっかけになる人です。近隣住民は，日常生活でかかわる人であり支え手にもなれる人たちです。何より，家族の中や社会的な役割を担っていると，人から感謝されることで，承認欲求や自己肯定感が満たされることになります。

　しかし，人間関係の変化（友人の入院・入所，他界など），社会的役割の喪失をきっかけに孤立化し，人と会うことも減り，生活不活発病となることもあります。

2　新しい支援の考え方～互助で自助を支える仕組みづくり

　これまでの介護予防は，自己決定を前提にした「自助への支援」が中心でした。しかし，前述した5つの原因を自助だけで克服することは困難です。「自己決定＝自己責任」は本人を心理的に追い詰めるだけです。新しい支援の考え方が求められます。

1）本人の意欲に着目した自助の支え方

　最も大切なのは，本人の持つ「意欲」に着目した自助支援です。「○○ができない」という否定的な指摘や「このままでは○○ができなくなる」という推測的な指摘ばかりでは，本人は自己評価を下げるだけです。ICF（国際生活機能分類）が示す本人の「強み」（プラス面）を引き出し，「できている点」に着目し，本人がいかに前向きに取り組めるようになるのかを支援の柱にしましょう。

2）互助で自助を支える

　これまでの互助は，自助の補助的存在でした。これからの介護予防は「互助で自助を支える」ことを目指します。「緩やかな互助関係」（集いの場，通いの場）の中に社会的役割を位置づけることで「お互いが支え合う関係」をつくれることを目指します。つまり，互助によって自助を支える介護予防ケアマネジメントを目指すことにつながります。

第2節 「本人の意欲」への3つのアプローチ

　私たちは，自分が納得していないことをやらされることを極端に嫌がります。介護予防のためのさまざまなアプローチも本人の意欲が動機づけられないなら，それは「いやいや」やっていることでしかなく，継続性も改善も期待できません。では，どのように本人の意欲にアプローチすればよいのでしょうか。

　意欲（モチベーション）には，「進んで何かを始める（行動意欲）」と「進んで何かを達成する（達成意欲）」の2つがあります。意欲的になるものは，人それぞれです。インテークの段階から，本人の「意欲のスイッチ」に着目してアプローチすることが大切です。

1　「本人らしさ」に着目する

　本書では，「その人らしさ」でなく「本人らしさ」という表現を使います。それは，「その人らしさ」という表現が支援者側の思い込みだったり決めつけだったりすることが往々にしてあるからです。本人にとっては「私らしさ」という表現が最もしっくりとくるでしょう。

　家庭環境も育てられ方も人それぞれ違います。食の好みも衣服の好みも千差万別です。高齢になり，長年の趣味に愛着を抱き続ける人もいれば，忙しくてこれまであきらめてきた趣味に意欲的になる人もいます。育った家庭環境や学歴，職業だけでない「個性ある本人」に着目する時，その人の自己肯定感をアップさせることが可能となります。

2　「得意・好き」に着目する

　要支援・要介護者には，「できないこと（行えないこと）」（見守り，一部介助）がいくつもあります。しかし，それらは数年前まで当たり前にやれていたことが病気や障がい，住環境を含む生活環境の影響でできなくなって，「自信を失った，あきらめてしまっている」人がいます。「できないこと」へのアプローチだけでなく得意だったことや前向きに取り組めることに着目した具体策を提案することが，本人の意欲を引き出すことにつながることになります。

3 「役割」に着目する

　私たちは皆何らかの役割（家族，親族，地域など）を担って暮らしています。しかし，病気や障害，加齢などが原因で心身の機能が低下すると，その役割を担うことをあきらめ（奪われ）がちです。それが，家族や周囲の善意であっても，本人にとっては「役に立たない（役に立てない）＝自己評価の低下」を生むことになります。役割があれば他者から「感謝」されることもありますが，「役に立たない」ことはそこ（家庭，地域）に暮らすことが「迷惑なこと」「役立たずの存在」と受け止める人がいることを忘れてはいけません。

　要支援・要介護状態となっても，「どのようなサポートがあればその役割を続けて担えるか」を一緒に考えることが本人の意欲を引き出す大きなポイントになります。

＊　＊　＊

　人が抱く意欲には，学習意欲（学ぶ），就労意欲（働く），創作意欲（創る），生活意欲（暮らす）などがあり，その中身も個人によってさまざまです。そして，間違ってはいけないのは意欲のスイッチは1つではないということです。

　アセスメントとプランニングのプロセスでは，1つの意欲だけに着目するのは好ましくありません。複数の意欲を加える「足し算式」で「意欲を広げる」だけでなく，1つの意欲で動機づけ，それに達成意欲をかける「かけ算式」などの方法を用いて「意欲を持続する」ことを目指しましょう。

第3節 「自立支援」への3つのアプローチ

　本書では，介護予防ケアマネジメントにおける「自立支援」を「本人が行うことへの支援（協力）」と解釈します。本人が行うことにどのような支障があり，どのような阻害要因とリスクが想定され，改善・向上のために，本人なりにどのような取り組み（自助）を行えばよいか，そして互助と共助がどのように支援を行えばよいかを明らかにします。

　自立支援へのアプローチをするにあたり，本人の個人因子（生活習慣，生育歴，家族歴，性格，こだわりなど）と本人を取り巻く環境因子（住環境，地域環境など）を十分に把握し，本人が意欲を持って取り組めるようにかかわることがポイントです。

1 「ADL（生命・快適行為）」にアプローチする

　本書では，ADLを生命行為（食事，排泄，睡眠）と快適行為（入浴，更衣，整容）に分類します。それぞれの行為は「歩く」という移動行為と「起き上がる」「座る」「立ち上がる」などの起居行為によって支えられています。アセスメントと動機づけのポイントは，ADLの改善・向上で「可能となる暮らし」に着目することです。リスクの指摘だけでなく，本人らしい暮らし（本人流の暮らし方，ライフスタイル）を取り戻す動機づけになるようなアプローチがポイントです。

2 「IADL（暮らしの行為）」にアプローチする

　IADL（料理，洗濯，掃除，買い物，金銭管理など）は，生育歴の中での躾や生活習慣の中で身につけたこと，配偶者の実家の流儀などの習得や自己流の工夫などによって後天的に身につけたものです。また男女の性差（例：男は仕事，女は家事という家業分業制）が影響するだけでなく，技術的な得意・苦手も影響します。さらに，個人的な好き・嫌いも大いに影響するので，「好き・得意なIADL」や「誰のためにやってきたのか」を聴き取ります。

　どのような方法がやりやすいのか，またなじんでいるのかを十分に情報収集して，改善・向上のためのアセスメントと動機づけを行いましょう。

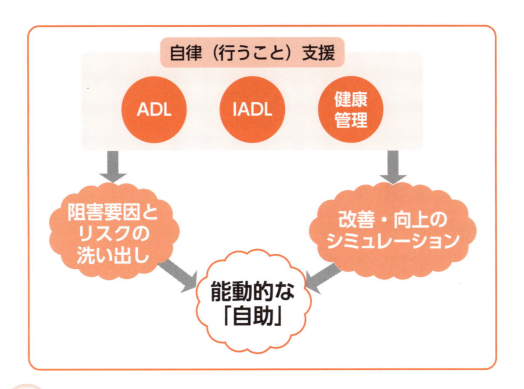

3 「健康管理」にアプローチする

　ADLやIADLなどの生活行為を阻害する要因の主たるものが疾患や障害，心理的な落ち込み，あきらめです。要支援者が抱えるこれらの阻害要因とリスクに着目します。慢性疾患や障害の改善を目指しながらも，本人らしい日常生活を送るための健康管理という視点が重要です。

　健康管理には，服薬などの内科的治療・療養や理学療法士や作業療法士，言語聴覚士などによるリハビリテーションがありますが，さらに，食事による低栄養改善や定期的な飲水による脱水予防などの日常生活管理，適度な運動による体調・体質管理，人との会話や外出，リラクゼーションなどのストレス管理も大切な健康管理です。

　これらは，「自助（本人の行い）」によってこそ良い効果が期待されます。痛みや痺れ，倦怠感，むくみなどを治療することだけを目的とするのではなく，これらを改善することで可能となるADLやIADLをアセスメントやプランニングのプロセスで引き出しましょう。介護予防ケアプランの目標に設定すれば，義務や強制ではない「能動的な自助」を引き出すことが可能となります。

＊　＊　＊

　自立支援の資源は介護保険サービスだけではありません。自費で利用する保険外サービス（タクシー，ハウスクリーニング，マッサージ，見守りサービスなど）も自立支援の資源とみなします。

第4節 「自律支援」への3つのアプローチ

　本書では，「自立支援」だけでなく「自律支援」も大切な支援対象として位置づけます。ここで言う自律支援とは，「本人が決める（意思決定）ことへの支援（協力）」です。私たちは何か行動を起こす（自立）前に必ず自己決定をしています。行動しないのは「なぜそれを行わなければいけないのかが分からない・納得できない・決められない」からです。とりわけ要支援状態となった本人にとって，日々の暮らしの中での不安や身体的な阻害要因（痛み，だるさ，痺れなど）が「何かを行う」ことへの「枷」となっていることが往々にしてあります。

　本人の自己決定（意思決定）を支援せずに指導・指示的に「何かをやらせる」ことは義務感しか生まず，結果的に意欲を削ぐことにもなりかねません。

　本書は自律を支援することで本人が意欲を持って取り組めることを目指します。

1 「意向」「願い」に着目する

　自律支援の基本は本人の「意向」「願い」です。本人がどのような身体動作や生活動作をどのように「改善したい」のかだけでなく，本人がどのような暮らしを「取り戻したい」のか，人生100年時代と言われる中でどのような人生を「目指したい」のか，その「意向」と「願い」に着目することが大切です。

　残念ながら，身体的・精神的な阻害要因，家族環境や住環境・周辺環境などの要因を理由に，多くをあきらめる人がいるのも事実です。興味・関心チェックシートなどを活用し，本人らしさを丁寧に引き出すプロセスで本人のモチベーションを高めることを目指します。

2 「生活信条」「価値観」に着目する

　自己決定（意思決定）に大きく影響するのが，その人がこれまで人生で守ってきた（大切にしてきた）「生活信条」や「価値観」です。石の上にも三年，ありがとうの気持ちを忘れない，人に奉仕をするなどを日々の生活信条にしている人がいます。そして，行動や判断をする時の基準となるものが価値観です。自由，愛情，挑戦，信頼，約束，感謝，自己成長，達成，創造など100近くあると言わ

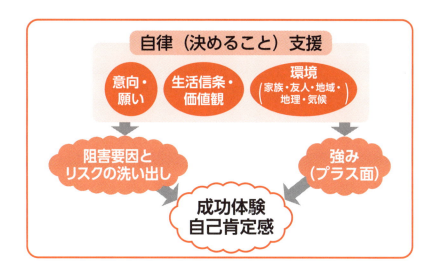

れています。私たちは，自分なりの価値観を5～10個ぐらい持っており，仕事でもプライベートでもそれを基準に優先順位をつけ，行動しています。

　要支援状態となると，自分の生活信条や価値観だけで生きていくのが難しくなります。要支援状態となっても，これまで大切にしてきた生活信条や価値観をどのようにして守っていくのか，かつての生活信条や価値観を取り戻すためには何に取り組めばよいのかを本人と一緒に考えることが「自律支援」なのです。

3 「環境」に着目する

　自律に影響する要素の一つが「環境」です。環境には，人間関係にかかわる環境と物理的な生活環境があります。人間関係にかかわる環境の中の家族環境では，単身高齢世帯であれば「まずは自分でやらなければ」という自律的な心理が働きやすく，高齢夫婦世帯や子どもとの同居世帯であれば頼る・支え合う力関係になる一方で，本人の自己決定に配偶者や子どもたちの意思が影響することも起こりがちです。また，近隣住民やなじみの関係の人や友人の応援や見守りが本人の意欲や意思決定に大きく影響を与えることもあります。

　生活環境の中の居室・居宅の住環境，近所・近隣の地理的環境（中山間部，過疎地，坂・階段の有無など），四季の気候などが影響する物理的環境（温度，湿度など）も本人の自律に大きな影響を与えます。

＊　＊　＊

　自律支援のポイントは，本人が持つ「強み（プラス面）」への支援です。まずは小さな成功体験で自己肯定感を積み重ね，かつての本人らしい暮らしを取り戻せるように「自発的（能動的）に取り組む」ことを支援することで，継続的して介護予防のプログラムに取り組むことが可能となります。

第5節 「互助支援」への3つのアプローチ

　これまでの介護予防アプローチは，自助への支援が中心でした。しかし，心身の機能だけでなく意欲までもが低下してしまった本人に，一方的に自助を求めてもそれを行える人と行えない人がいます。「自助任せ」だけでは限界があります。これからの介護予防は，「互助（地域）で自助を支える」という新しいアプローチが求められています。

　しかし，高齢化が進み，地域コミュニティも高齢化・衰退化する中で，従来の地域の町内会やボランティアばかりに互助的アプローチを期待しても，相手にとって過度な負担となりかねません。旧知の人だけでなく見知らぬ人からのアプローチが本人にとってはストレスとなることも考えられます。本人の気持ちに寄り添い，本人の目線で互助支援を考えましょう。そのキーワードは，「なじみ」に加えて地域の「集いの場・通いの場」「社会的役割」です。

1 「なじみ」に着目する

　本人がまた会いたくなる人（相手），足を運びたくなる場所，取り戻したい暮らしを引き出すキーワードが「なじみ」です。なじみの人，なじみの場所，なじみの生活習慣，なじみのくつろぎ方など，このような一つひとつが「本人らしさ」そのものです。

　インテークの際，本人の「なじみの○○」を聴き取り，それに共感し，その「なじみの○○」を取り戻すにはどうすればよいか，なじみの人たちがどのように支援に協力してもらえるかを共に考えます。このことを通じて，どの「なじみの○○」が本人の意欲（モチベーション）を引き出すのかを把握します。

2 「集いの場」「通いの場」に着目する

　一人きりで落ち着けるからと「孤独な時間」を好む人はいても，周囲から拒否・拒絶された「孤立した関係」を望む人はいません。心身の機能が低下して外出がおっくうになると，いろいろな集まりに積極的に出かけていた人でさえ「孤立した状態」になることがあります。

　互助支援にとって「集いの場」「通いの場」は大切な資源です。気の合う人同

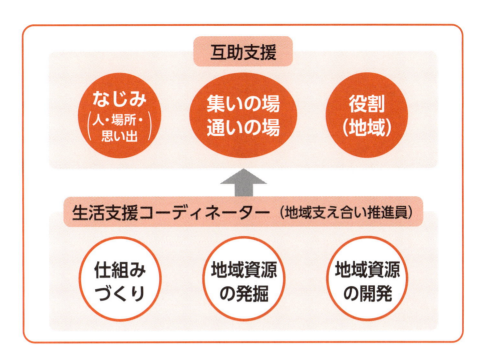

士のお茶の会やおしゃべりするだけの不定期な会，地域サロンや老人クラブ，趣味のサークルなどの「集いの場」から，健康教室やフィットネスジムなどの「通いの場」までさまざまです。

　そこに足を運ぶことが動機づけとなり，新たに親しくなった人たちから励ましや労いの言葉をもらい，その関係が集う人・通う人たちの心を支えることになります。「集いの場」「通いの場」では「お互いの声かけ」が支え合いとなり，意欲を生み出すきっかけとなります。

3　「社会的役割」をつくり出す

　一方，地域の「通いの場」を好まない・苦手な人もいます。そのような人には集いの場・通いの場ではなく，暮らしの中で果たしてきた「社会的役割」に着目し，支援内容にかつての役割を位置づけたり，新しい役割を担えるような関係づくりやプログラムを組み込んだりすることが有効です。

　「これまでの役割」としては，仕事や地元の祭祀，ボランティア活動などがあります。それらを聴き取り，無理なくできる社会参加を応援する（後押しする）アプローチがポイントとなります。

＊　＊　＊

　これらの互助支援の基盤づくり（仕組みづくり）と地域資源の発掘および開発を担っている生活支援コーディネーター（地域支え合い推進員）と連携し，介護予防ケアプランに積極的に盛り込んでいきます。

第2章

トータルアプローチ*
利用者と共にアセスメントからプレ・プランニングを行う

＊本書では，初回の面談時に，インテークからアセスメント，プレ・プランニングまで行うことを「トータルアプローチ」と呼びます。

第1節 トータルアプローチを行う目的と効果 ……………………………………20

第2節 トータルアプローチの流れ ……………………………………………………22

第3節 インテーク〜利用者基本情報の聴き取り〜 ……………………………24

第4節 インテーク〜思いの聴き取り〜 ……………………………………………26

第5節 アセスメント〜現状把握から総合的課題〜 ……………………………28

第6節 プレ・プランニング
〜本人の意向，目標，支援のポイント，自助・互助・共助・公助など〜 ……………36

第7節 居住環境と近隣環境のアセスメント
〜住み慣れたなじみの地域で暮らし続ける〜 ……………………………………………40

第8節 「課題整理総括表」の活用 ……………………………………………………42

第1節 トータルアプローチを行う目的と効果

1 トータルアプローチを行う目的

　介護予防ケアマネジメントのスタートはとても大切です。利用者は，大きく「疾患や転倒などにより心身の機能が低下して要支援状態となった人」と「要介護状態が改善して要支援状態になった人」の２つに分かれるので，利用者が置かれた状況に配慮したアプローチが重要です。

　本書では，１回目の面談（約60分間）でインテーク，アセスメントだけでなく，プレ・プランニングをするところまで行うことを目指し，それを「トータルアプローチ」と呼びます。それは，要介護の人へのケアマネジメントより頻回に訪問することができない，介護予防ケアプラン（介護予防サービス・支援計画書の略称；以下同じ）の作成を含めた介護予防ケアマネジメントの効率化という現場の事情だけでなく，アセスメントとプランニングの素案づくりに**本人が参画**することに狙いがあります。

　トータルアプローチによって得られる効果は次の３つです。
・利用者自身にセルフアセスメントとリスク予防の視点を持ってもらう
・利用者に介護予防ケアプランの読み込み方を学んでもらう
・訪問回数の減少と効率化を図る

2 トータルアプローチが目指す効果

　プレ・プランニングを行っておくと，介護予防ケアマネジメントの全体の作業時間を大幅に短縮するだけでなく，利用者本人が「私の介護予防ケアプランである」と自覚することもできます。トータルアプローチでアセスメントだけでなくプレ・プランニングを行うことによる効果を，利用者側と支援者側に着目してみてみましょう。

１）「利用者側」の効果

　多くの利用者にとって，初めて目にする介護予防ケアプランは文字も細かく，すぐには理解できません。理解できないのですから，本人が取り組もうにも「何

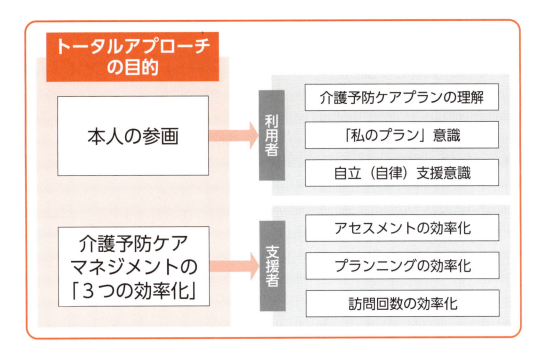

を目指せばよいのか」「何をすればよいのか」が分かりません。当然，利用者に「自助」を期待するのは困難でしょう。その結果，「私の介護予防ケアプラン」と実感を持てるまでに時間がかかることになります。

「利用者側」に着目した効果は，次の3つです。

- 介護予防ケアプランの構成を理解する機会をつくれる
- 「私のプラン」という意識を持ってもらいやすくなる
- 自立（自律）支援の意識を持ってもらいやすくなる

2）「支援者側」の効果

　支援者が初回訪問時にプレ・プランニングを行うということは，初回訪問時に介護予防ケアプランの素案の「下書き」を行っているようなものです。ですから，事業所に戻ってから「なかなか思い出せない」という苦労を減らすことができます。また，事業所に戻ってからは「清書」をするだけということも可能です。これにより，実際のプラニングの作業時間を半分程度に短縮することが期待できます。

「支援者側」に着目した効果は，次の3つです。

- 基本チェックリストと興味・関心チェックシートを使って，アセスメントを効率的に進められる
- 介護予防ケアプランを相手に見せながら，項目の順序に従ってやりとりを進めるだけで，大まかなプランニングが行える
- 利用者とのやりとりを白紙のシートに記録することが「介護予防ケアプランの下書き」となり，事業所に戻ってからのケアプラン作成の時間短縮が図れる

第2節 トータルアプローチの流れ

1 インテーク

　インテークは，要支援者との出会いです。初めて要支援者となり介護予防ケアプランをつくる人もいれば，要介護状態が改善して要支援者になる人もいます。また，認定調査を受けるまでに時間がかなりかかった人もいれば，医師などからアドバイスをもらい認定調査を受けて要支援者となった人もいます。

　インテークでは，まず介護予防サービス（地域支援事業を含む）が生まれた理由，自立（自律）支援の考え方，介護予防サービスの仕組みと利用できるサービス内容の概略，また要介護サービスのことなどを含めて説明しましょう。

2 利用者基本情報の聴き取り

　利用者の基本情報を聴き取る前に，<u>なぜ聴き取りを行うのかを説明</u>します。最初に白紙のシートを見てもらい，順番に聴き取るようにしましょう。

　氏名，住所，住環境などは聴き取りやすいでしょう。裏面の「今までの生活状況」などを聴き取る際は，「介護予防ケアプランを作る上で必要なことですが，お話しできる範囲で構いませんので，教えていただけますか？」と配慮ある言葉で説明しましょう。

3 基本チェックリストと興味・関心チェックシートの記入

　基本チェックリストと興味・関心チェックシートはアセスメント時に使うので，まずその場で記入してもらいます。視力の低下などの理由で文章を読むのがつらい利用者もいるので，聞きたいことを1つずつ読み上げ，記入もこちらが代筆してもよいでしょう。本人のプライドに触れるような質問事項もあります。記入する手が止まったら，**気づかいの言葉**（「分かる範囲で結構です」「判断がつかないようでしたら記入しなくても構いません」など）をかけましょう。質問の意味が分からないようであれば，説明をします。それぞれ5分程度で記入してもらいましょう。

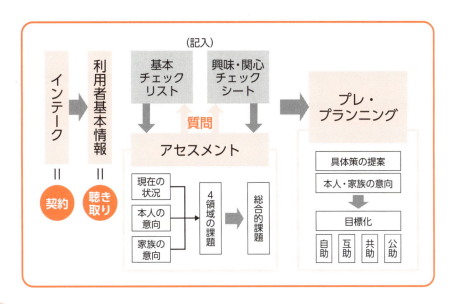

4 アセスメント

　次に，白紙の介護予防ケアプランを利用者の前に広げ，「これが介護予防ケアプランです」と説明します。メモ用として白紙の介護予防ケアプランを手元に広げ，記入してもらった基本チェックリストと興味・関心チェックシートを横に置きます。そして，「この介護予防ケアプランを仕上げるために，今記入していただいた基本チェックリストと興味・関心チェックシートを基に40分程度お話をうかがいますので，よろしくお願いします」と説明し，質問に入ります。1つの質問に「追加質問」や「関連質問」「深める質問」を行い，現状の把握からリスクの整理，本人・家族の意向と総合的な課題を抽出します。

5 プレ・プランニング

　アセスメントの結果を基に，4つの領域の課題から共通する阻害要因などを整理し，総合的な課題をまとめます。総合的な課題は「一石二鳥」だけでなく「一石三〜五鳥」くらいの目標が立てられるような表現にするのがよいでしょう。プレ・プランニングでは，まず想定される目標に対する具体策を提案し，次に提案についての本人（家族）の意向を聴き取りながら「**達成可能な目標**」を話し合います。

　こうして立てた目標へ向かうに当たって，本人が取り組むセルフケア（自助）や家族の支援（互助），インフォーマル資源（互助）ができることは話題にできても，介護予防サービスの種類や種別などは，この場で話し合っても利用できるとは限りません。この段階ではサービス事業所名まで具体的にしない方がよいでしょう。

第3節 インテーク～利用者基本情報の聴き取り～

利用者基本情報

計画作成者氏名：＿＿＿＿＿＿＿＿＿＿

《基本情報》

相談日	年　月　日（　）	来所・電話 その他（　　　）	初回 再来（前　／　）
把握経路	1．介護予防検診　2．本人からの相談　3．家族からの相談 4．非該当　5．新予防からの移行　6．関係者　7．その他（　　　）		
本人の状況	在宅・入院又は入所中（　　　　　　　　　　　　　　　　　　　　　）		
フリガナ 本人氏名		男・女	M・T・S　年　月　日生 （　　）歳
住所		TEL FAX	
日常生活 自立度	障害高齢者の日常生活自立度　　自立・J1・J2・A1・A2・B1・B2・C1・C2 認知症高齢者の日常生活自立度　自立・Ⅰ・Ⅱa・Ⅱb・Ⅲa・Ⅲb・Ⅳ・M		
認定情報	非該当・要支援1・要支援2 認定期限：　年　月　日～　年　月　日（前回の要介護度　　　）		
障害等認定	身障（　）・療養（　）・精神（　）・難病（　）・その他（　　　）		
本人の 住居環境	自宅・借家・一戸建て・集合住宅・自室（有　　階・無）・住居改修（有・無） 浴室（有・無）　　　　　便所（洋式・和式） 段差の問題（有・無）　　床材，じゅうたんの状況（　　　） 照明の状況（　　　）　　履物の状況（　　　）		
経済状況	国民年金・厚生年金・障害年金・生活保護・その他（　　　）		

来所者 (相談者)		続柄		家族構成	◎＝本人，○＝女性，□＝男性 ●■＝死亡，☆＝キーパーソン （同居家族は⋯で囲む）
住所					

緊急連絡先	氏名	続柄	住所・連絡先

日中独居（有・無）
家族関係等の状況

吹き出し注釈

- どのような経緯で把握されたかは，大切な情報の一つである。
- 障害高齢者と認知症高齢者の日常生活自立度から本人の状況をイメージできる。
- 戦前・戦中・戦後世代のいずれかを知ることで，価値観や信条，生活を知ることができる。
- 画像データや手描きのイラストがあると，よりイメージしやすく，アドバイスも具体的になる。
- 家族構成は重要な要素。親族とかかわりがある場合は必ず記載する。
- 緊急連絡先は家族の中での代理人的存在である。
- 連絡先としてEメール（パソコン，スマートフォン）も記載する。

利用者基本情報

《介護予防に関する事項》

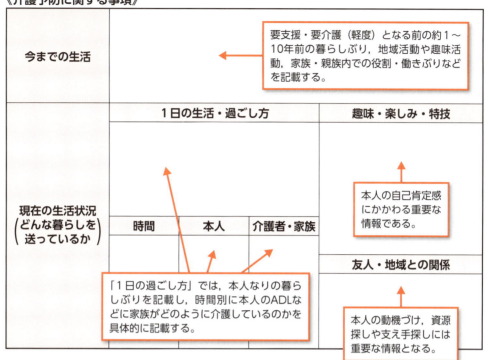

《現病歴・既往歴と経過》（新しいものから書く・現在の状況に関連するものは必ず書く）

年月日	病名	医療機関・医師名 （主治医・意見作成者に☆）	経過	治療中の場合は内容
		TEL	治療中 経観中	
		TEL	治療中 経観中	
		TEL	治療中 経観中	
		TEL	治療中 経観中	

《現在利用しているサービス》

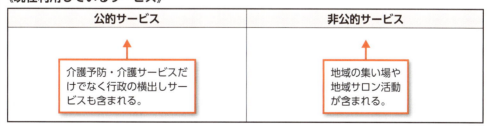

　地域包括支援センターが行う事業の実施に当たり、利用者の状況を把握する必要があるときは、要介護認定・要支援認定に係る調査内容、介護認定審査会による判定結果・意見、及び主治医の意見書と同様に、利用者基本情報、アセスメントシートを、居宅介護支援事業者、居宅サービス事業者、介護保険施設、主治医その他本事業の実施に必要な範囲で関係する者に提示することに同意します。

　　　　　　　　　　　　　　年　　　月　　　日　　氏名　　　　　　　　　　　印

第4節 インテーク～思いの聴き取り～

　介護予防ケアマネジメントで本人が改善に取り組むために，本人の「思い」を聴き取れる信頼関係づくりから始めます。「思いの聴き取り」を通じて現状の受け止めとこれからの希望や意欲を把握しましょう。

1 不安と障害受容のレベル

　介護予防ケアマネジメントの対象となる要支援者は，次の２つに大きく分類されます。それぞれに応じた「不安」や「障害受容」の聴き取りをしましょう。

１）心身の機能の低下で要支援者となったケース

　慢性疾患の悪化や急性疾患，転倒による骨折など不慮の事故で治療・入院し，退院後に要支援認定を受けた利用者の場合，まだ現実を十分に受容できていないことがあります。「できないこと」「やりづらいこと」が多くなった心身の状態への戸惑い，先々の生活機能低下への不安をまずは聴き取りましょう。

> ・「先々，どのようなことに対して不安をお持ちですか？」
> ・「特にできなくなったことはどのようなことですか？」

２）要介護状態が改善して要支援状態になったケース

　このケースの場合は，さらに２つに分かれます。要介護１・２から改善して要支援と認定されたことを喜ぶ歓迎派と，利用者（家族）の実感は変わらないのに要支援と認定されてしまったと感じる戸惑い派です。前者は，リハビリテーションの成果による心身機能の改善や体力の回復などに対して「獲得した達成感」がありますが，後者は支給限度額の減額，介護予防サービスの制約など「負のイメージ」を抱いている場合があるので，かかわり方を変えることも大切です。

> ・「以前と比べて，どのようなことができるようになりましたか？」
> ・「要支援と認定された今のお気持ちを聞かせていただけますか？」

② 性格，人柄

　本人の思いには，性格や人柄が強く影響します。利用者基本情報の質問の流れで，さりげなく聴き取っていくとスムーズに話してもらえることでしょう。性格や人柄をズバリ質問するのでなく，<u>エピソード的な質問</u>をするのも一つの方法です。

- 「○○についてはじっくりと（テキパキと）やりたい方ですか？」
- 「何かを始める時は，すぐに始めるタイプですか？ それともかなり時間をかけてコツコツと始めるタイプですか？」

③ 本人の「強み」

　どの人にも何らかの「強み」があります。強みと言うと「人よりも得意なこと」と思いがちですが，<u>「夢中になること」「協力できる・手伝えること」「力になれること」</u>なども大切な「強み」です。「強み」は本人の自己肯定感や有能感の基礎となりますが，疾患や障害などを理由に「あきらめ」「自己否定感」を生む原因になることもあります。「強み」に着目し，本人の意欲を引き出す聴き取りをしましょう。

- 「以前はどのようなことが得意でしたか？」
- 「以前はどのようなことに夢中になっていらっしゃいましたか？」
- 「今，どのようなことなら頑張ってみようと思われますか？」

④ これからへの意欲・希望

　本人の思いが「改善（維持）」に向かわなければ，介護予防はとても強制的で義務的なものになります。

　これまでの暮らしぶりと今の暮らしぶりを聴き取るプロセスで，「やってみたいこと」を次のような仮定の質問で意欲や希望を動機づけましょう。

- 「もし○○の痛みや麻痺が軽くなったら，どこにお出かけになりますか？」
- 「もし○○の不安がなくなれば，何を始めたいと思われますか？」

第5節 アセスメント～現状把握から総合的課題～

　介護予防ケアプランの特徴は，プランシートにアセスメントとプランニングの要素が1枚に収まっていることです（保険者によって様式の構成やサイズなどに工夫が見られます）。本書が提案するアセスメント手法は，次の3つです。

①基本チェックリストと興味・関心チェックシートをフル活用する。
②4つの領域別に「現在の状況→本人・家族の意向→領域ごとの課題」をまとめてアセスメントする。
③総合的課題は「領域ごとの課題の解決が1つの課題設定で複数見込める」ものを1～5つ設定する。

1 アセスメントを始める前に

　アセスメントを始める前に，基本チェックリストと興味・関心チェックシートを記入してもらいます。次に白紙の介護予防ケアプランのシートを利用者の前に広げ，計画作成者はメモ用の白紙の介護予防ケアプランを広げます。

　記入してもらった基本チェックリストと興味・関心チェックシートを受け取って横に置き，聴き取りを始めます。その際は，利用者の老化や疾患による耳の聞こえや視力，認知能力，判断力，体調や心の状態などにも配慮しましょう。

> ・「この介護予防ケアプランシートの流れに沿って，今書いていただいた基本チェックリストと興味・関心チェックシートを基に40分程度，お話をうかがいます。では，この4つの領域ごとに『現在の状況』と『本人・家族の意欲・意向』から聞かせていただきます」

2 4つの領域のアセスメント

　基本チェックリストで「はい・いいえ」と回答されている項目と興味・関心チェックシートで「している・してみたい・興味がある」と回答されている項目を基に現在の状況を質問します。基本チェックシートや興味・関心チェックシートの質問は，いずれも簡単な回答を引き出すものですから，「なぜなのか」「いつ

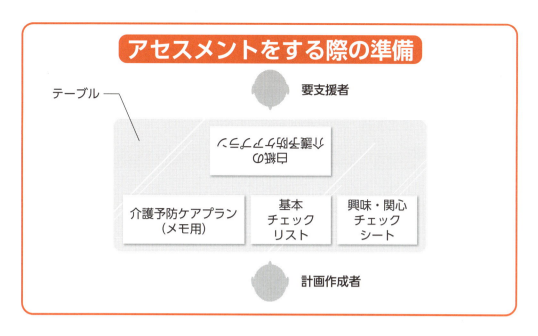

からか」「どのような場面で困っているのか」など具体的なことは,「追加質問」「関連質問」「深める質問」(第3・4章参照)の順序で聴き取りをします。その際,回答の中に「本人の強み」を表しているものがあれば<u>「なぜできているのか」「どのように工夫しているのか」</u>を聴き取り,自己肯定感を醸成しましょう。

1) 運動・移動領域

　運動とは,主に立ち上がりや転倒などの「身体機能としての運動」です。移動とは,屋内での移動から散歩や買い物などの「日常生活での移動」です。膝・腰の痛みや麻痺,体力・体調への不安,失禁の不安は,運動や移動に大きな影響を与えます。「歩かない」ために「歩くのがおっくうになる」→「歩けなくなる」ことがあります。身体の状態だけでなく,精神面の変化も聴き取ることで,かつての生活範囲や暮らしぶりを把握できます(詳細は,第3章P.49〜51,第4章P.77,89,90参照)。

基本チェックリストで使用する質問項目

[運動] (回答:はい・いいえ)
- No.7　椅子に座った状態から何にもつかまらずに立ち上がっていますか
- No.8　15分ほど続けて歩いていますか
- No.9　この1年間に転んだことがありますか
- No.10　転倒に対する不安は大きいですか

[移動] (回答:はい・いいえ)
- No.6　階段を手すりや壁をつたわらずに昇っていますか

興味・関心チェックシートで使用する質問項目
〔運動・移動〕（回答：している・してみたい・興味がある） ・自転車・車の運転　・電車・バスでの外出 ・体操・運動　　　　・散歩

2）日常生活（家庭生活）領域

　日常生活とは，利用者が日頃行っている「**暮らしぶり**」のことです。同居する配偶者や子どもがいれば，その生活ぶりを「家庭生活」と呼びます。日常生活のADLとIADLは，基本チェックリストや興味・関心チェックシートの項目を使って「追加質問」や「関連質問」「深める質問」を織り込みながら丁寧に聴き取っていきましょう（詳細は，第3章P.52，53，第4章P.70〜76参照）。

　特に現在だけでなく，要支援状態となる数年〜10年前の暮らしぶりを聴き取ると，かつて行っていた「本人らしい暮らしぶり」を把握することができます。

基本チェックリストで使用する質問項目
〔運動〕（回答：はい・いいえ） ・No.1　バスや電車で1人で外出していますか ・No.2　日用品の買い物をしていますか ・No.3　預貯金の出し入れをしていますか
興味・関心チェックシートで使用する質問項目
〔日常生活（家庭生活）〕（回答：している・してみたい・興味がある） ・自分でトイレへ行く　・一人でお風呂に入る　・自分で服を着る ・自分で食べる　・歯磨きをする　・身だしなみを整える ・好きな時に眠る　・掃除・整理整頓　・料理を作る　・買い物 ・家や庭の手入れ・世話　　・洗濯・洗濯物たたみ

3）社会参加・対人関係・コミュニケーション・趣味等領域

　社会参加とは，近所・近隣との付き合い，町内会や老人会，趣味の会への参加や役割などを意味します。対人関係とはなじみの場所（店）や知人・友人との関係を，コミュニケーションとは会話など意思疎通などを意味します。

　体力・体調の不安がある，知人・友人が施設入所・他界した，役割を担えないために町内会を退会した，会話がやりとりできないために趣味の会から足が遠の

いたといったことが起こっています。本人の意欲や意向を聴き取りやすい領域です。

　基本チェックリストや興味・関心チェックシートを使えば，これからどのような人間関係を築きたいのか，役割を社会貢献に興味があるのかを聴き取ることができます（詳細は，第3章P.54～57，第4章P.78～82参照）。

基本チェックリストで使用する質問項目
〔社会参加・対人関係〕（回答：はい・いいえ） 　・No.4　　友人の家を訪ねていますか 　・No.5　　家族や友人の相談にのっていますか 　・No.16　週に1回以上は外出していますか 　・No.17　昨年と比べて外出の回数が減っていますか 　・No.18　周りの人から「いつも同じ事を聞く」などの物忘れがある 　　　　　と言われますか 　・No.19　自分で電話番号を調べて，電話をかけることをしていますか 　・No.20　今日が何月何日かわからない時がありますか
興味・関心チェックシートで使用する質問項目
〔役割〕（回答：している・してみたい・興味がある） 　・孫・子供の世話　　・動物の世話 〔対人関係・コミュニケーション〕 （回答：している・してみたい・興味がある） 　・友達とおしゃべり・遊ぶ　　・家族・親戚との団らん 　・デート・異性との交流　　　・居酒屋に行く 〔社会参加（社会貢献）〕（回答：している・してみたい・興味がある） 　・ボランティア　・地域活動（町内会・老人会）　・お参り・宗教活動

※CADL（生きがい・楽しみ・趣味）

　CADL（文化的日常生活動作：高室成幸提唱）とは，本人の文化的な生活に着目した新しい領域です。これまでは，「生きがい」などと抽象的にひとくくりにまとめられてきたものを本人が持つ「文化性（Culture）」として「学び，楽しみ，趣味，仕事，役割」などに整理し，まとめたのがCADLです。

　興味・関心チェックシートでは，これらが重要項目として位置づけられています。これらは，本人の意欲や自己肯定感，モチベーションアップに活用できるものであり，要介護5であっても課題設定に盛り込めるアセスメント概念です。

興味・関心チェックシートで使用する質問項目
〔学び〕（回答：している・してみたい・興味がある） 　・生涯学習・歴史　・読書　・俳句　・書道・習字
〔表現〕（回答：している・してみたい・興味がある） 　・絵を描く・絵手紙　・パソコン・ワープロ　・写真 　・映画・観劇・演奏会　・お茶・お花　・歌を歌う・カラオケ 　・音楽を聴く・楽器演奏　・将棋・囲碁・麻雀・ゲーム等 　・ダンス・踊り　・編み物
〔スポーツ（観戦含む）〕（回答：している・してみたい・興味がある） 　・ゴルフ・グランドゴルフ・水泳・テニスなどのスポーツ 　・野球・相撲
〔ギャンブル〕（回答：している・してみたい・興味がある） 　・競馬・競輪・競艇・パチンコ
〔仕事〕（回答：している・してみたい・興味がある） 　・針仕事　・畑仕事　・賃金を伴う仕事
〔楽しみ〕（回答：している・してみたい・興味がある） 　・旅行・温泉
〔その他の例〕（回答：している・してみたい・興味がある） 　・Facebookへの投稿　・LINEでのやりとり 　・Twitterへの投稿　・ブログでの発信

（詳細は，第4章P.83～93参照）

4）健康管理の領域

　健康管理は，本人が自助として取り組みやすい領域です。半面，医療的支援を行っても，病識が乏しい，栄養管理や生活習慣の改善が不十分，嚥下機能や口腔機能が低下などがあると要支援状態の改善は難しく，放置すれば要介護状態になってしまう領域でもあります。利用者が体調管理や日常の生活習慣，食生活などでどのようなことに困っているのか，どのような工夫をしているのかを聴き取ります。なお，健康管理の領域課題は，医療専門職からのアドバイスをもらって設定しましょう（詳細は，第3章P.58～60参照）。

基本チェックリストで使用する質問項目
〔栄養・口腔機能など〕（回答：はい・いいえ）
・No.11　6カ月間で2～3kg以上の体重減少はありましたか
・No.12　BMIが18.5未満ですか 　　　　　BMI〔＝体重（kg）÷身長（m）÷身長（m）〕
・No.13　半年前に比べて固いものが食べにくくなりましたか
・No.14　お茶や汁物等でむせることがありますか
・No.15　口の渇きが気になりますか

※こころの健康管理

こころの領域の質問は，閉じこもりやうつ症などで「本来行うべき支援が実施できない場合」の対象者を発見するためのものです。かなり踏み込んだ質問なので，質問の意図を伝え回答してもらいましょう。

「はい」「いいえ」のいずれの回答であっても，「追加質問」や「関連質問」をすることで本人の心の状態に触れることはできるので，丁寧に行います（詳細は，第3章P.61～63参照）。

基本チェックリストで使用する質問項目

〔閉じこもりやうつ症状など〕（回答：はい・いいえ）
- No.21　（ここ2週間）毎日の生活に充実感がない
- No.22　（ここ2週間）これまで楽しんでやれていたことが楽しめなくなった
- No.23　（ここ2週間）以前は楽にできていたことが今ではおっくうに感じられる
- No.24　（ここ2週間）自分が役に立つ人間だと思えない
- No.25　（ここ2週間）わけもなく疲れたような感じがする

3　本人・家族の意欲・意向

4つの領域の現在の状況について聴き取ってみると，利用者と家族の受け止め方はいろいろです。要支援と認定される人がすべてに後ろ向きの気持ちだったりあきらめたりしているわけではありません。リハビリテーションや生活習慣，食生活の改善に前向きに取り組もうとする人もいます。

「できていないこと」についてどのように思っているのか，本人なりの受け止め方を聴き取ります。そして，どのように改善したいと思っているのか（意向），改善するための方法が分かっているのかを聴き取ります。さらに，「できていること」についても質問し，どのようにやっているのか，これから先「やりづらくなること」はないか（予測されるリスク）などについても質問しましょう。

家族が同席しているのであれば，どのように受け止めているのか，改善に向けてどのような希望があり，どのようにかかわれるのか（意向）を聴き取ります。同席していない場合は，「ご家族はどのように考えていらっしゃいますか？」「ご家族にどのように協力してもらえそうですか？」と聴き取りましょう。

それぞれの領域について現在の状況を聴き取った上で「本人・家族の意欲・意向」を聴き取るのがよいでしょう。

- 「○○について"いいえ"と答えていらっしゃいますが，その理由をお話しいただけますか？」
- 「○○の領域について，ご自分としてどのように受け止められていらっしゃいますか」
- 「ご自分なりに○○が改善すれば，どのようなことをやってみたいと望まれますか？」

4 領域における課題（背景・原因）

ここでは，現状の把握の流れで「できていないこと」で困っていることの原因や背景を聴きます。

- 「どのようなことが原因だと思われますか？」
- 「どのようなことが影響していると思われますか？」
- 「先々不安に思うのは，どのようなことですか？」

本人（家族）がその原因や背景・影響やリスクについて実感が持てていない場合は，必要に応じてエピソードを交えた説明や指摘もしましょう。

3〜6カ月の期間で特に改善しなければいけないこと，改善しないとさらに困ることがあれば「有」にチェックを入れ，やり取りを通じて「どのような改善の取り組みができるのか」を整理しておくと，プレ・プランニングにも応用できます。

- 「3〜6カ月の期間で特に改善したいことはどのようなことですか？」
- 「3〜6カ月の期間で前向きにやってみたいことはどのようなことですか？」

これらのプロセスで，なぜそう思うのか，どのような背景（住環境，周辺環境，家族関係など）や原因（疾患，障害，意欲，住環境，周辺環境，家族関係など）から生まれているのかを，示唆的な質問も交えながら本人・家族に「気づき」が生まれるようにやりとりすることは大切です。

支援計画の例

- **総合的な課題**：（リスク重視型表記）膝関節症で歩くのも膝を曲げるのもつらく，屋内・屋外で転倒の危険が高い。外出の機会が減り，ひきこもりがちでは認知機能の低下が進む。栄養面の偏りで体力の低下と体調悪化が心配である。
  （ビジョン重視型表記）膝関節症のため，今は歩くのも膝を曲げるのもつらいが，20年間続けている〇〇市民農園で△△さんたちと野菜作りを再開できるようになる。
- **目標（3カ月後）**：両脚の筋力の改善・向上に取り組み，〇〇公民館まで杖を使わずに歩けるようになる。
- **具体策の提案**：①下肢筋力を改善する体操を毎朝15分行う。
  ②デイケアでオリジナルの体操を作ってもらい，自宅で行う。
  ③膝に負担のかかる風呂とトイレ掃除は訪問介護を利用する。
  ④自宅のベランダでプランターを使った野菜作りを始める。

5 総合的な課題

　領域ごとの課題を一覧し，その課題から「共通した原因や背景（環境）」を分析し，それらをまとめた総合的課題を1～5つ設定します。総合的な課題を設定するに当たっては，次の順序で進めましょう。

①領域ごとの課題の緊急性を基準に優先順位をつけ，5項目以内に整理する。
②領域ごとの課題で共通する阻害要因から生じているものを明確にして，その阻害要因を解決・改善するための課題として設定する。
③領域ごとの複数の課題を「ひとまとまりの課題」（一石三～五鳥）に統合する。

- 「ご自分として特に心配なのは，どの領域の課題ですか？」
- 「この半年間でどの領域の課題を改善したいと思われますか？」
- 「どの領域の課題なら頑張ってみたいと思われますか？」
- 「半年後（1年後）にどのようなことができるようになっていたいと思われますか？」

　「総合的な課題」の表記は2つあります。
　第1は，本人に要支援状態となった原因や背景・リスクを強調し，改善の意識づけと行動への動機づけを促す「**リスク重視型表記**」です。特に，健康管理領域において課題がある人は，リスク重視の表記が重要です。
　第2は，改善した状態や本人が望む暮らし・取り戻したい日常生活を表記し行動への動機づけを促す「**ビジョン重視型表記**」です。
　これらは，本人の個性，価値観や性格，その時の心身の状況に合わせて使い分けましょう。

第6節 プレ・プランニング
～本人の意向，目標，支援のポイント，自助・互助・共助・公助など～

　トータルアプローチで本人と一緒にプレ・プランニングを行う目的は，本人に「**私のプラン（セルフプラン）意識**」を持ってもらうためです。
　プレ・プランニングの範囲は，「課題に対する目標と具体策の提案」から支援計画の「期間」までです。基本チェックリストや興味・関心チェックシートを使った質問やそれらから得られた多くの「**キーワード**」をフルに使って，楽しく和やかにプレ・プランニングを進めましょう。

1 「課題に対する目標と具体策の提案」と「具体策についての意向（本人・家族）」

　この2つの項目は，計画作成者と本人・家族との「**合意**」のプロセスとして位置づけられています。計画作成者が総合的課題から一方的に目標を定めてしまうと，本人の自己（意思）決定や意欲を削いでしまうからです。
　3～6カ月をかけて総合的課題を達成するための「おおよその目標（目安）」を具体的に示し，そのためには「どのような取り組み（自助，互助，介護予防サービス，地域支援事業など）が必要となるか」を本人に提案します。

> ・「〇〇を解決するために，3カ月間は〇〇するということを目標に取り組んでみるのはいかがでしょうか？」
> ・「〇〇を解決するために，6カ月間ご自分で〇〇をやってみるというのはいかがでしょうか？」

　本人や家族からは，質問形式で示した目標と具体策について「取り組みたい」「取り組みたくない」「すぐには難しい」などの意向を聴き取ります。期待する回答が得られなくても，無理に説得することはやめましょう。本人や家族が「やってみたい」「とりあえずやってみよう」と思えるような提案を複数しましょう。
　本人や家族と合意して「目標」が決まったら，次は支援計画を作ります。

・本人の意向：「毎日やっている朝ドラの時間帯なら，テレビを見ながら体操できそうですね。デイケアで自分のオリジナル体操を作ってもらえるのは，うれしいわ。膝が痛いので，家事を手伝ってもらえるのはありがたいです。プラン

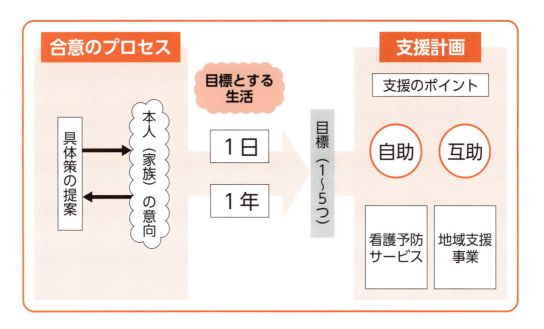

ターで野菜作りができるなんて考えてもみなかった。ぜひやってみたい」
・家族（長女）の意向：母は元々頑張り屋でスポーツも大好きでした。私が一緒にいる時は，子どもたちも誘って一緒に体操をしたい。夫も野菜作りが好きなので，いずれ母を手伝いたいと言っています。

　本人・家族が話す内容は，メモ程度でよいので白紙の介護予防ケアプランに記録しましょう。前向きな言葉だけでなく，ためらいや不安，躊躇する言葉も大切に聴き取ります。

2　「目標とする生活」〜1日・1年〜

　総合的な課題と取り組む目標が決まったら，「そのためにどのような1日（1年）を過ごすか」を聴き取りましょう。目標とする生活には，「取り戻したい（目指したい）生活習慣」「取り組む生活習慣」があります。本人がイメージしやすく動機づけしやすい目標にしましょう。

〈1日〉・「毎日，どのようなことなら頑張れそうですか？」
　　　・「もう一度毎日やれるようにされたいことは何ですか？」

〈1年〉・「1年後，何ができるようになっているとよいですか？」
　　　・「1年間，どのようなことを頑張りましょうか？」

※答えづらそうなら，「1日3食を食べる」「朝夕15分の体操をする」などを例として示すのもよいでしょう。

3　「目標」を決める

　本人や家族の意向を踏まえ，これから3～6カ月の間に具体的に取り組む目標を1～5つ挙げます。目標設定では抽象的な質問（「何をやりたいですか？」など）は避け，距離や時間，期間のほか，場所であれば「○○公園」「△△神社」「○○スーパー」のように具体的な固有名詞まで聴き取りましょう。

　総合的な課題を解決する目標を定めるための質問は，ADLだけでなくIADLやCADL，コミュニケーション，健康管理についても聴き取るようにします。

- 「何カ月後に一人でお風呂に入れるようになりたいですか？」
- 「3カ月後，○○公園まで何分位で歩いて行けるようになりましょうか？」
- 「6カ月後，どのような料理を作れるようになりましょうか？」
- 「6カ月後，どこの映画館まで一人で行けるようになりましょうか？」
- 「6カ月間の体調管理では，どのようなことに注意したいですか？」

※これらの質問は，基本チェックリストや興味・関心チェックシートのやりとりで聴き取れたキーワードを盛り込み，本人を動機づけできることがポイントです。

4　「支援計画」づくり

　いよいよ，具体的になった目標にどのように取り組むかを話し合います。

1）目標についての支援のポイント

　支援のポイントとは，具体的な支援を展開する上での留意点，つまりサービス事業者向けや支援者にサービス提供時に配慮してもらいたい点です。安全管理や医療上で配慮する点やインフォーマルサービスでの役割の分担なども含めます。本人や家族に目標に取り組むに当たって配慮してもらいたい点などを聴き取りましょう。

- 「この目標を取り組むにあたり，どのようなことが心配ですか？」

2）本人等のセルフケアや家族の支援，インフォーマルサービス

　いきなり介護予防サービスを提案するのではなく，まずは本人が行うセルフケア（自助）を聴き取り，家族（親類や友人含む）の支援・協力（互助），地域のサー

クル・地域ボランティア・集いの場・通いの場などの地域資源でどのようなことを手伝ってもらいたいかを話し合いましょう。

〈自助〉
- 「〇〇の目標に向けて，ご自分ではどのようなことができそうですか？」
- 「〇〇の目標に向けて，ご自分としてはどのようなことをやってみようと思われますか？」
 （3つの視点：行えること，知識を学ぶこと，技術を学ぶこと）

〈互助〉
- 「ご家族にはどのようなことを手伝ってもらえそうですか？」
- 「ご家族として，どのようなかかわり方であればできそうですか？」
 （調理，掃除，洗濯，送迎，見守り，声かけ，買い物，話し相手など）

〈地域資源〉
- 「ご近所の方にはどのようなお手伝いをしてもらえそうですか？」
- 「ご近所の方にどのようなことをお願いしたいですか？」
 （ごみ出し，話し相手，送迎，買い物，声かけ，見守りなど）

3）介護保険サービスまたは地域支援事業

　介護予防サービス（訪問介護，通所介護など）と地域支援事業の種類と使い方，利用時間，利用している人，食費などの基本的な費用を説明し，どのようなサービスを希望するかを聴き取ります。

- 「介護予防サービスでは，どのようなことを手伝ってもらいたいですか？」
- 「どの介護予防サービスを利用してみたいと思われますか？」

　この時，写真や動画を使うなどして分かりやすく説明しましょう。また，本人や家族から希望するものが出たら，必ず理由を確認します。すぐに希望するものが答えられない場合は，次回に回してもよいでしょう。

- 「こちらでもいくつか考えてみますので，次回の時にお返事ください」

　その際は，「サービス種別や事業所，期間は，こちらで作る介護予防ケアプランに書いてご提案します」と伝えます。

第7節 居住環境と近隣環境のアセスメント
～住み慣れたなじみの地域で暮らし続ける～

　住み慣れた「なじみの地域」で暮らし続けるには，心身の機能の改善だけでは不十分です。介護予防ケアマネジメントを通じて，心身の機能が低下しない居住環境づくり，家庭内事故を予防する居住環境づくりを本人（家族）が始めるきっかけになることを目指します。そして近隣環境を把握し，なじみの地域で暮らし続けるための地域社会への参加を動機づけに活用しましょう。

1　居住環境のアセスメント

　生活環境は，本人の自立した暮らしに大きく影響します。日本の家屋は，玄関や敷居など段差が多い構造になっています。また，2階建ての家屋や低層階の集合住宅では，階段が移動のバリアとなってしまいます。店舗と住居が一体になった家屋では，生活空間よりも仕事場の空間が優先されている場合もあります。心身の機能が衰えて要支援状態になり外出する機会が減ると，居住環境が「人生そのもの」となります。

　居住環境を「屋内環境」と「居室環境」に分けて考えてみましょう。

1）屋内環境の把握

　屋内環境については，まずはおおよその広さ（○m²，○坪）を尋ね，玄関，居間，廊下，トイレ，台所，浴室，階段などの移動や使い勝手で困っていること，日中と夜間でどのような不便があるのかを聴き取ります。

　手描きでよいので，手元に簡単な「間取り図」を用意しておくとよいでしょう。トイレの使い勝手，入浴時の困り事，台所での困り事などは，基本チェックリストや興味・関心チェックシートを使っての「追加質問」や「関連質問」「深める質問」（第3章P.49～53，第4章P.70～76参照）で聴き取るとよいでしょう。

2）居室環境の把握

　本人の居室は6～10畳だと言っても，テレビやベッド，たんすなどが置いてあると案外と狭いものです。また，階段の上り下りの不便さから，2階の寝室を1階に変更していることもあります。

住み慣れたなじみの地域で暮らす

居住環境
- 屋内環境 ＝ 間取り図
- 居室環境 ＝ 室内図

近隣環境
- 家の周囲 ＝ 周辺マップ
- 近隣とのつながり ＝ 地域活動／なじみの店

　居室の室温や採光，湿度は，健康に影響します。冷暖房機の有無だけでなく，居室内の動線（障害物の有無），地震や火事など緊急時の避難経路も聴き取ります。

2 近隣環境のアセスメント

　近隣環境（地域環境）は，本人の移動や通院，買い物，地域の人との付き合い（社会参加）に大きく影響します。地理的な環境が日常生活や地域の支え合いに影響することもあります。

1）家の周囲（近所）のアセスメント

　近所の地理（道路幅，交通量，坂の有無），近所の家や親しい人の家との距離・移動にかかる時間・頻度，災害時の避難ルートや一時避難所への距離などを聴き取りましょう。いざという時に頼れる人がいるかどうかも，大切な情報です。

2）近隣のアセスメント

　地域には，町内会（団地自治会など）や集落単位の区・班や消防団などがありますが，多くの場合，高齢化や人口減少で活動は低迷しています。かつてどのような地域活動（町内会，PTA，消防団，婦人会など）にかかわっていたのかを聴き取ることで，地域との「**つながり度**」が把握できます。

　なじみの商店やスーパーマーケット，郵便局・銀行，コンビニエンスストアまでの距離，ごみ収集所への距離なども，基本チェックリストや興味・関心チェックシートなどで聴き取りましょう。

第8節 「課題整理総括表」の活用

課題整理総括表

利用者名		殿			
自立した日常生活の阻害要因 (心身の状態, 環境等)		①		②	③
		④		⑤	
状況の事実 ※1		現在 ※2		要因 ※3	改善/維持の可能性 ※4
移動	室内移動	自立 見守り 一部介助 全介助			改善 維持 悪化
	屋外移動	自立 見守り 一部介助 全介助			改善 維持 悪化
食事	食事内容	支障なし 支障あり			
	食事摂取	自立 見守り 一部介助 全介助			
	調理	自立 見守り 一部介助 全介助			改善 維持 悪化
排泄	排尿・排便	支障なし 支障あり			改善 維持 悪化
	排泄動作	自立 見守り 一部介助 全介助			改善 維持 悪化
口腔	口腔衛生	支障なし 支障あり			
	口腔ケア	自立 見守り 一部介助 全介助			改善 維持 悪化
服薬		自立 見守り 一部介助 全介助			改善 維持 悪化
入浴		自立 見守り 一部介助 全介助			改善 維持 悪化
更衣		自立 見守り 一部介助 全介助			改善 維持 悪化
掃除		自立 見守り 一部介助 全介助			改善 維持 悪化
洗濯		自立 見守り 一部介助 全介助			改善 維持 悪化
整理・物品の管理		自立 見守り 一部介助 全介助			改善 維持 悪化
金銭管理		自立 見守り 一部介助 全介助			改善 維持 悪化
買い物		自立 見守り 一部介助 全介助			改善 維持 悪化
コミュニケーション能力		支障なし 支障あり			改善 維持 悪化
認知		支障なし 支障あり			改善 維持 悪化
社会との関わり		支障なし 支障あり			改善 維持 悪化
褥瘡・皮膚の問題		支障なし 支障あり			改善 維持 悪化
行動・心理症状 (BPSD)		支障なし 支障あり			改善 維持 悪化
介護力 (家族関係含む)		支障なし 支障あり			改善 維持 悪化
居住環境		支障なし 支障あり			改善 維持 悪化
					改善 維持 悪化

注釈:
- 疾患名や障害名だけでなく, 疾患の症状, 服薬の管理, 住環境面, 本人の心理状態, 家族関係などが, どのように阻害要因になっているかを記載する。
- 4つの基準で評価する。
- 悪化だけでなく,「機能の低下」にも着目する。
- 現状に影響している阻害要因の番号を記入する。複数の記入も可。
- 4つのコミュニケーション能力(「話す」「聞く」「書く」「読む」)それぞれについて, 支障のレベルを確認する。
- 家族の家事力(料理, 洗濯, 掃除など)も確認する。
- 居室環境, 屋内環境, 近隣環境を確認する。

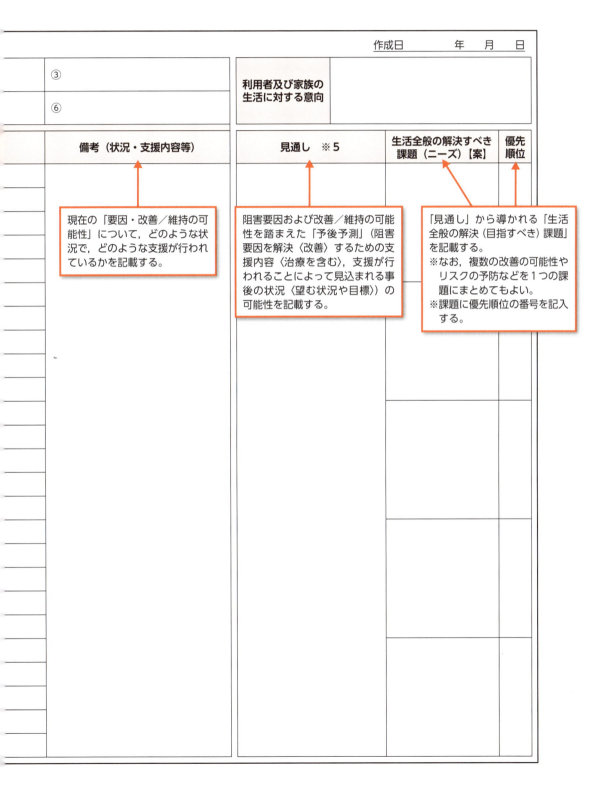

第3章
基本チェックリスト活用法

第1節 質問から4つの領域の課題発見 ………………………………………… 46

第2節 運動・移動 ……………………………………………………………… 49

第3節 日常生活（家庭生活） …………………………………………………… 52

第4節 社会参加・対人関係・コミュニケーション …………………………… 54

第5節 健康管理 ………………………………………………………………… 58

第6節 心の健康 ………………………………………………………………… 61

第1節 質問から4つの領域の課題発見

　基本チェックリストは，基本的な日常生活動作と体と心の健康状態の質問で構成されています。利用者は自分の主観や判断に基づいて，すべて「はい」または「いいえ」で答えます（「閉じた質問」〈クローズドクエスチョン〉方式）。前章で詳説したトータルアプローチでは，基本チェックリストにある質問に続いて，その領域に関することを「開いた質問」（オープンクエスチョン）方式の「追加質問」と「関連質問」で深め，アセスメントシートとして活用します。

　やりとりした内容は，手元に用意した「メモ用の介護予防ケアプラン」に直接書き込んでおくと，洩れをなくすだけでなくアセスメントからプラニングの流れを効率的に行うことができます。

1　現在の状況を「追加質問」と「関連質問」で深める・つなげる

　基本チェックリストは「はい」「いいえ」のどちらかで答えますが，それだけでは原因や程度・頻度，時期，場所，場面などまで分かりません。4つの領域ごとに利用者の回答を確認し，「追加質問」で深め，「関連質問」で広げます。

> **状況**：「○○について"はい（いいえ）"にチェックされていますが，どのような状況なのか，具体的に教えていただけますか？」

　質問によって，"はい"がポジティブなもの（No.1，2など）もあれば，ネガティブなもの（No.9，17など）もあります。ポジティブな回答には利用者の頑張りや工夫を，ネガティブな回答には利用者のつらさや不安などを聴き取ります。

1）追加質問

　状況の話が終わったら，次に深めるための質問をしましょう。順番はその時のやりとりの流れで行いましょう。また，すべてを聴き取る必要はありません。関連質問につながるように，話の流れを心得ましょう。

> **以前**：「要支援の認定を受けるまではどのようにされていましたか？」

基本チェックリスト

> どのリスクを自覚しているかを確認する。ただし，本人の思い込みや記憶違いもあるので慎重に聴き取る。

		No.	質問項目	回答（いずれかに○をお付けください）		点数
社会参加に着目した質問群。No.1・2は頻度，No.3は場所，No.4・5は人間関係などを追加質問することで動機づけの質問に展開することが可能となる。	暮らしぶりその1	1	バスや電車で1人で外出していますか	0.はい	1.いいえ	
		2	日用品の買い物をしていますか	0.はい	1.いいえ	
		3	預貯金の出し入れをしていますか	0.はい	1.いいえ	
		4	友人の家を訪ねていますか	0.はい	1.いいえ	
		5	家族や友人の相談にのっていますか	0.はい	1.いいえ	/5
運動・移動に関する質問群。No.6〜9は現状，No.10は転倒に関するリスク予測。不安の中味に対応することが介護予防につながる。	運動器関係	6	階段を手すりや壁をつたわらずに昇っていますか	0.はい	1.いいえ	
		7	椅子に座った状態から何もつかまらずに立ち上がっていますか	0.はい	1.いいえ	
		8	15分位続けて歩いていますか	0.はい	1.いいえ	
		9	この1年間に転んだことがありますか	1.はい	0.いいえ	
		10	転倒に対する不安は大きいですか	1.はい	0.いいえ	/5
高齢者の低栄養と口腔機能などに関する質問群。暮らしぶりにつなげると，リスクや阻害要因を発見できる。	栄養・口腔機能等の関係	11	6カ月間で2〜3kg以上の体重減少がありましたか	1.はい	0.いいえ	
		12	身長（　）cm，体重（　）kg ⇒ BMI＝（　）※（注）参照			/2
		13	半年前に比べて固いものが食べにくくなりましたか	1.はい	0.いいえ	
		14	お茶や汁物等でむせることがありますか	1.はい	0.いいえ	
		15	口の渇きが気になりますか	1.はい	0.いいえ	/3
社会参加の経年変化と認知機能に関する質問群。運動器の質問につなげることで，身心の機能低下との関連が発見できる。	暮らしぶりその2	16	週に1回以上は外出していますか	0.はい	1.いいえ	
		17	昨年と比べて外出の回数が減っていますか	1.はい	0.いいえ	/2
		18	周りの人から「いつも同じ事を聞く」などの物忘れがあると言われますか	1.はい	0.いいえ	
		19	自分で電話番号を調べて，電話をかけることをしていますか	0.はい	1.いいえ	
		20	今日が何月何日かわからない時がありますか	1.はい	0.いいえ	/3
	（注）BMI＝体重（kg）÷身長（m）÷身長（m）が18.5未満の場合に1点とする。			小計		/20
閉じこもりやうつ症状に関する質問群。「はい」の回答が多いと緊急の対応が必要になる。社会参加や人間関係の質問につなげることで，改善の可能性が見通せる場合もある。	こころ	21	（ここ2週間）毎日の生活に充実感がない	1.はい	0.いいえ	
		22	（ここ2週間）これまで楽しんでやれていたことが楽しめなくなった	1.はい	0.いいえ	
		23	（ここ2週間）以前は楽にできていたことが今ではおっくうに感じられる	1.はい	0.いいえ	
		24	（ここ2週間）自分が役に立つ人間だと思えない	1.はい	0.いいえ	
		25	（ここ2週間）わけもなく疲れたような感じがする	1.はい	0.いいえ	/5

理由：「これが"はい（いいえ）"なのはどうしてですか？」
原因：「特にどのようなことが原因になっていると思われますか？」
程度：「どれくらいつらいのですか（どれくらいならご自分でできますか)?」
時期：「いつから○○のような状況になられたのですか？」
方法：「どのようなやり方（工夫）をされていますか？」
環境：「どのような場所だと，特につらいとお感じになりますか？」
関係：「○○の時に手伝ってくれる人はいらっしゃいますか？」

2）関連質問

　トータルアプローチのポイントとなるのが関連質問です。追加質問の中に，他の領域の課題の発見につなげる関連質問を入れ込み，本人や家族が「**阻害要因が共通していること**」に気づいてもらえるようにやりとりすることが大切です。

　共通の阻害要因は，改善・解決のためのターゲットです。これを総合的な課題として位置づけ，改善に向けて取り組むことで，「１つの取り組み」が「複数の改善」につながる（**課題の紐づけ**）ことに着目します。

　慢性疾患の種類や障がいによっては，改善・解決が難しいものもあります。その場合は治療などによる「軽減・緩和」を目指します。

運動：「No.6の手すりや壁をつたわらずに階段を昇っているかの問いで"いいえ"と答えていますが，外出をあきらめることはありましたか？」→社会参加
移動：「No.9の転倒の質問に"いいえ"と答えていらっしゃいます。足元がふらついたりするのが怖くて，買い物に行くのをやめようとされたことはありましたか？」→生活
栄養：「No.13の固いものを食べにくくなったかの質問に"いいえ"と答えていらっしゃいますが，お友達と食事をする時はどのようなものをよく召し上がりますか？」→人間関係
生活：「No.3の預貯金の出し入れの質問で"いいえ"と答えていらっしゃいますが，どなたにお願いをされていますか？」→家族関係
家族：「No.5の家族や友人の相談に乗っているかの質問で"はい"となっていますが，どのようにやりとりをされていますか？」→意思疎通

第2節 運動・移動

No.6 階段を手すりや壁をつたわらずに昇っていますか

　この質問は，下肢筋力の強弱だけでなく，平衡感覚のある歩行ができるかどうかも含めています。屋内だけでなく，バスや電車・地下鉄などの公共交通機関，スーパーマーケットなどの店舗，病院や役所などの公共建築物の移動に支障がないかまで聴き取りましょう。

〈追加質問〉
- 移動：玄関などわずかの段差はどうされていますか？
- 移動：外出先の段差は，どのようにされていますか？
- 上肢：手すりにつかまる時，握力に不安はありませんか？
- 改善：足腰を鍛えたい（しっかりしたい）と思っていらっしゃいますか？

〈関連質問〉
- 環境：季節や時間帯によって昇り降りに不安になることはありますか？
- 外出：外出先での階段の昇り降りはどのようにしていらっしゃいますか？
- 生活：2階に用事がある時はどのようにしていらっしゃるのですか？
- 福祉用具：杖を持っている時の階段の昇り降りはどのようにしていらっしゃいますか？

No.7 椅子に座った状態から何もつかまらずに立ち上がっていますか

　下肢筋力と身体バランスなどに関する質問です。キッチンやトイレの便器，電車やバス，レストランなど日常の場面を例に挙げると，答えやすくなります。実際に立ち上がる動作をしてもらうのもよいでしょう。

〈追加質問〉
- 運動：家の中で立ち上がる際に苦労する時はいつですか？　場所はどこですか？
- 移動：立ち上がるのがつらいという理由で，外出を控えたことはありますか？
- 運動：立ち上がる際にめまいやふらつきを感じたことはありますか？
- 工夫：立ち上がる時やしゃがむ時に，何か工夫されていますか？

〈関連質問〉
- 家族：家族と出かけられた時は，どのようにされていますか？
- 地域：喫茶店やレストランに行かれた時はどのようにしていらっしゃいますか？
- 健康：立ち上がる際にめまいやふらつきを感じたことはありますか？
- 趣味：立ち上がるのがつらいという理由で，あきらめた趣味などはありますか？

No.8　15分ぐらい続けて歩いていますか

　15分ぐらい歩けることだけでなく，外出に関する状況を把握します．目的地（公民館，スーパーマーケット，病院など），目的（趣味，買い物，通院など），人間関係（誰と）などを聴き取ります．日々の頑張りや工夫，今後の希望なども聴き取りましょう．

〈追加質問〉

移動：どこまで歩いて行かれるのですか？

距離：どれくらい（距離）までなら歩いて行くことができますか？

つらさ：15分以上歩くとどのようなところがつらくなりますか？

工夫：一休みしながらであれば，どこまで歩けそうですか？

〈関連質問〉

関係：お散歩された時によく顔を出されるのはどちらですか？

参加：地域の集まりには，どのような方法で行かれますか？

健康：15分続けて歩くために，何か工夫していらっしゃることはありますか？

楽しみ：たくさん歩けるようになったら，行きたいところはありますか？

No.9　この1年間に転んだことがありますか

　転倒は，打撲や捻挫，骨折の原因となります．1年間で振り返るのが困難なら「1カ月以内」「1週間以内」でも構いません．"はい"と答えたのであれば，その場所（居間，廊下など）と理由（つまずき，ふらつきなど）を聴き取り，そのために生じた制約（外出を控えるなど）がないかも確認します．

〈追加質問〉

移動：どこで転び（つまずき）そうになりましたか？

工夫：転ばないために工夫や注意をしていらっしゃることはありますか？

外出：どのような場所（季節）に出かけるのが不安ですか？

改善：また転ばないようにするために，何をすればよいとお考えですか？

〈関連質問〉

環境：転ばないかと不安になる場所（環境）はありますか？

健康：転んだ時，どこかにけがをされましたか？

外出：どのような場所（季節）に出かけるのが不安ですか？

意欲：楽しい場所で転びそうになったことはありますか？

No.10 転倒に対する不安は大きいですか

転倒が身体に与える衝撃は大きく，高齢者が寝たきりになる原因として多いのは，転倒による大腿骨頸部骨折などです。転倒するのではという不安から外出を控えるようになり，日常の運動や移動の低下，社会参加の低下，買い物や家事など日常生活での活動の低下をまねきます。

〈追加質問〉

体力：以前に比べて身体はどのように変化しましたか？

体調：転倒するのが不安になる時はありますか？ 服薬後にふらつくことはありますか？

機能：足腰を強くするためにやればよいと思っていらっしゃることはありますか？

環境：時間帯や季節で不安な時はいつですか？

〈関連質問〉

家族：ご家族はどのように言っていらっしゃいますか？

環境：転倒した時のために工夫されていることはありますか？

関係：転倒して大変な思いをしている方が身近にいらっしゃいますか？

生活：転倒が不安だからと，買い物などの外出を控えることが増えましたか？

オリジナル質問　腕，足，膝，腰などにどのような痛みがありますか

腕や足，膝，腰の痛みが原因で，生活行為や社会参加，近隣住民との付き合いなどにどのような制限が生まれ，日常生活においてどのような不安やストレスとなっているか，どのように「ぎこちない」暮らしになっているのかを聴き取ります。

〈追加質問〉

生活：痛みのせいで不便だと感じることはどのようなことですか？

環境：痛みがひどいのはどのような時間帯（季節）ですか？

参加：痛みのせいで外出を控えるのは，どのような時ですか？

意欲：毎日の生活で，痛みの改善に工夫されていることはありますか？

〈関連質問〉

関係：痛みがある時に頼れる人はいますか？

健康：痛みのために治療などをしていらっしゃいますか？

会話：周囲の人に痛みを伝えていらっしゃいますか？

趣味：痛みのためにあきらめた趣味や楽しみはありますか？

第3節 日常生活（家庭生活）

No.1 バスや電車で1人で外出していますか

　高齢者にとって移動手段の多くは自家用車です。それ以外の手段としては，都市部であればバスや電車などの公共交通機関，中山間地であればタクシーなどでしょう。日常生活に支障があるのかないのかだけでなく，友人や知人との交流の機会の減少や趣味・楽しみの場などへの参加の減少などにも着目します。

〈追加質問〉
- 外出：どのような用事で外出されることが多いですか？
- 生活：以前はどちらに出かけることが多かったですか？
- 関係：どなたと一緒に外出されることが多いですか？
- 外出：自家用車で移動する時に不安はありますか？

〈関連質問〉
- 認知：バスや電車の移動で不便なことはどのようなことですか？
- 意欲：これからも出かけたいと思うのはどのようなところですか？
- 関係：外出に支障がある時に頼るのはどなたですか？
- 健康：バスや電車などを利用する時に体調などの不安はありますか？

No.2 日用品の買い物をしていますか

　買い物をするためには，歩いて出かけたり車を運転したりするだけでなく，商品の選別や支払いなどの認知行為，買ったものを持ち運ぶといった身体行為が必要です。また，出かけられる距離に店舗があるかどうかも大きな要素です。

〈追加質問〉
- 生活：どのような日用品を買うことが多いのですか？
- 生活：日用品が買えずに困ったことはありますか？
- 家族：買い物に行けない時は，ご家族に手伝ってもらいますか？
- 買い物：買った商品をどのように持ち帰っていますか？

〈関連質問〉
- 移動：お店までご自分で歩いて行きたいと思われますか？
- 関係：買い物ができなくなったら，どなたに相談されますか？
- 意思疎通：店員さんとのやりとりで苦労されることはありますか？
- 工夫：買い物に関してどのような工夫をされていますか？

No.3　預貯金の出し入れをしていますか

　この質問で，①入出金の手順（ATMの操作を含む）の理解度，②印鑑や通帳，キャッシュカードなどの管理状況，③金融機関やATMが設置してある所（店舗や駅など）までの移動の可否，④預貯金や生活費の管理状況などを把握します。これらを通じて，身体機能や認知機能などについても確認できます。

〈追加質問〉

運動：ATMを操作するのに支障を感じたことはありますか？

移動：金融機関やATMがある所まではどのようにして行かれますか？

認知：手続きが面倒な時はどのようにされていますか？

保管：自宅では現金をどのように保管されていますか？

〈関連質問〉

関係：ご自分でできなくなったら，どなたに頼むか考えていらっしゃいますか？

家族：ご家族は○○さんの状況をご存じですか？

健康：預貯金の出し入れはいつまでご自分でしようと思っていらっしゃいますか？

意思疎通：窓口のやりとりで困ったことはありますか？

オリジナル質問　自分で料理や掃除，洗濯などの家事をしていますか

　自立した生活のためには，料理，掃除，洗濯などの家事力が大切です。男性，女性にかかわらず，<u>家事そのものが好きか嫌いかも影響</u>します。また，家事は道具を使うので，身体機能や認知機能も重要です。さらに，家事には家族関係も大きく影響します。

〈追加質問〉

運動：料理や掃除，洗濯の動作でつらいと思うことはありますか？

家族：以前はご家族にどのような料理を作っていらっしゃいましたか？

認知：手順が分からなくなって面倒になることはありますか？

工夫：家事代行サービスを使いたいと思ったことはありますか？

〈関連質問〉

運動：身体が動かしづらくなった時は，家事をどうするか考えていらっしゃいましたか？

地域：ごみ出しで困ることはありますか？

健康：体調が悪い時に面倒に感じる家事は何ですか？

意欲：自分なりにずっと続けたいと思う家事は何ですか？

第4節 社会参加・対人関係・コミュニケーション

No.4 友人の家を訪ねていますか

　友人と言っても，幼なじみや学友，仕事や趣味の仲間などさまざまです。人間関係のつながりの有無だけでなく，訪ねるだけの身体機能や意欲の有無，移動手段の有無などを把握しましょう。

〈追加質問〉
- 移動：どのような移動手段を使って訪ねていらっしゃいますか？
- 移動：どれくらいの頻度で訪ねていらっしゃいますか？
- 生活歴：そのご友人とは，いつごろから，どのようなお付き合いですか？
- 関係：電話，手紙，メール・SNSなどで連絡を取っている人はいますか？

〈関連質問〉
- 関係：機会があれば会いたいと思う人はどのような人ですか？
- 趣味：趣味仲間とまた訪れてみたいと思うのはどこですか？
- 話題：友人とお会いになった時は，どのような話題で盛り上がりますか？
- 楽しみ：訪ねるだけでなく，一緒に遊ぶことはありますか？

No.5 家族や友人の相談にのっていますか

　この質問では，家族や友人に相談相手として頼りにされているかどうか（役割），相談にのれるコミュニケーションができるかどうか（意思疎通レベル）が把握できます。元気だったころのことを含めて聴き取ることで，生活歴や家族歴も把握しましょう。

〈追加質問〉
- 聴覚：相談された時に，聞こえが悪くて困ったことはありますか？
- 生活歴：若いころから家族や友人の相談相手だったのですか？
- 方法：直接会って話をされますか？　それとも，電話やメールでされているのですか？
- 工夫：相談内容によっては何か調べることはありますか？

〈関連質問〉
- 関係：ご自分から相談をすることはありますか？
- 家族：これまでご家族からどのような相談がありましたか？
- 健康：身体のことや病気のことなどをどなたかに相談したいと思ったことはありますか？
- 役割：家族や友人からどのような相談をしてもらいたいですか？

No.16　週に1回以上は外出していますか

　この質問の「外出」を，散歩だけでなく，買い物などの生活行為や地域への社会参加，人間関係の広がり，観劇などの趣味活動やカルチャー教室の頻度として「週1回以上」ととらえると，意欲を引き出すきっかけとなります。

〈追加質問〉

運動：外出する際にどのようなことを注意されていますか？

移動：外出する際の移動手段は何ですか？

生活：買い物以外で外出されることはありますか？

日中：外出しない時はどのように過ごしていらっしゃいますか？

→

〈関連質問〉

関係：どなたと外出されるのが楽しいですか？

運動：外出が続けられるように，頑張りたいと考えていらっしゃることはありますか？

生きがい：外出の楽しみにはどのようなものがありますか？

健康：外出の機会をこれからも増やしたいと思われますか？

No.17　昨年と比べて外出の回数が減っていますか

　高齢になると，心身機能の低下や友人・知人の入院・入所や他界，趣味サークルの退会などにより，外出する回数は減りがちです。買い物や散歩では人と触れ合う機会が多いとは限りません。外出する回数が減ることによる心身の状態や人間関係の変化などを把握します。

〈追加質問〉

関係：昨年と比べて外出の回数が減っているのはどうしてですか？

移動：外出する際に移動手段でつらいことが増えていますか？

参加：どのようなところに外出されることが多いですか？

意欲：これからは外出の機会を増やしたいと思われますか？

→

〈関連質問〉

関係：どなたと一緒に外出したいとお考えですか？

体調：外出の機会が増えると体調はいかがですか？

健康：外出の回数を減らさないためには，どうしたらよいと思われますか？

参加：外出の機会を増やすためには，何をすればよいと思われますか？

No.18 周りの人から「いつも同じ事を聞く」などの物忘れがあると言われますか

　この質問では，老化現象である健忘症や認知症の初期症状に本人・家族がどの程度自覚があるかを聴き取ります。<u>「周りの人」がどのような関係者（家族，親族，近隣住民，友人など）でどのような付き合いをしているか</u>も把握しましょう。

〈追加質問〉

感情：言われた時は，どのようなお気持ちでしたか？

記憶：もの忘れが多くなったとどのような時に思われますか？

見当識：外出する時に，行き先や行き方が分からなくなったことはありますか？

家族：ご家族からどのような時に言われますか？

〈関連質問〉

生活：生活の中でもの忘れで困ったことはありますか？

地域：ご近所との付き合いの中で，もの忘れで失敗したことはありますか？

意欲：忘れないために工夫されていることはありますか？

健康：主治医からどのような説明を受けていますか？

No.19 自分で電話番号を調べて，電話をかけることをしていますか

　必要な時に，必要な相手に電話することができているかを問う質問です。どのような時に誰にかけるのか，どのような状況（救急車の呼び出しなど）で電話番号を調べるのか，かける際に困ることは何かを聴き取ります。

〈追加質問〉

視力：電話帳などが見づらい時はどのようにされていますか？

生活：電話番号が分からず困ったことはありますか？

工夫：必要な電話番号はメモ（あるいは短縮番号）にしていますか？

移動：タクシーを利用される時などは電話をおかけになりますか？

〈関連質問〉

家族：家族に電話をかけるのは週に何回くらいですか？

関係：よく電話で話す人は何人いますか？

健康：1年前と比べて電話で話す機会は減っていますか？

意欲：どのような時に電話をかけたくなりますか？

No.20　今日が何月何日か，わからない時がありますか

　この質問は，認知機能の低下のリスクを問うものです。他の症状（置き忘れ，ガス・水道の締め忘れなど）が始まっていないか，何かトラブルを起こしていないかなど，暮らしと人間関係への不安を具体的に聴き取ります。

〈追加質問〉
- 見当識：慣れている場所で迷ったことはありますか？
- 記憶：予定を忘れてしまったことはありますか？
- 記憶：覚えるのに苦労されたことはありますか？
- 生活：ごみ出しの日をどのように確認していらっしゃいますか？

〈関連質問〉
- 家族：ご家族から物忘れが心配だと言われたことがありますか？
- 関係：人の名前が出てこなくて困ったことはありますか？
- 健康：認知症予防のためにされていることはありますか？
- 意欲：認知症の予防になることを積極的にやってみたいと思われますか？

オリジナル質問　約束の日を忘れてしまったことはありますか

　約束した日を忘れがちになると，家族だけでなく友人や近隣住民とのお付き合い，通院，服薬にも影響が出てきます。約束した日を忘れることで起こったトラブルだけでなく，<u>忘れないための本人の工夫や忘れても困らない対応策にも着目</u>し，本人の改善への意欲を引き出しましょう。

〈追加質問〉
- 記憶：忘れてしまったために，どのようなことに困りましたか？
- 関係：ご友人との約束は多い方ですか，少ない方ですか？
- 時期：いつごろから約束した日を忘れがちになりましたか？
- 健康：健康に関して忘れてしまって困ったことはありますか？
- 生活：スケジュールの管理はどうされていますか？

〈関連質問〉
- 生活：ごみ出しの日を忘れないために工夫していらっしゃることはありますか？
- 役割：果たさなければならない役割を忘れてしまったことはありますか？
- 健康：通院の日や服薬を忘れないように，工夫していらっしゃることはありますか？
- 楽しみ：好きなテレビ番組などを見忘れてしまうことはありますか？

第5節 健康管理

No.11 6カ月間で2～3kg以上の体重減少はありましたか

　この質問は，低栄養だけでなく，食生活の状況（偏食，インスタント食品，市販の惣菜など）や食事の満足度，調理習慣，運動の有無などを把握します。台所に立てない，包丁が握れないなどの調理行為についても聴き取ります。

〈追加質問〉
- 栄養：ここ1週間，どのような献立の内容ですか？
- 移動：歩いていてふらついたり，ひどく疲れたりすることはありませんか？
- 料理：疲れが原因で料理が面倒なことはありますか？
- 自覚：ご自分で，どうして体重が減少（増加）したと思われますか？

〈関連質問〉
- 運動：ここ半年，動きづらくなったところはありますか？
- 関係：ご家族やご友人と一緒に食事をされることはありますか？
- 生活：体重が減少（増加）して生活に支障が出たことはありますか？
- 楽しみ：どのような料理（食材）をよく召し上がりますか？

No.12 BMIが18.5未満ですか

　この質問で，BMIによってエネルギー収支の結果を知ることができます。18.5mg/m²未満は「痩せ」の指標に用いられ，低栄養の把握ができます。
　低栄養状態に陥らないように「BMI 21.5～24.9kg/m²」を目標としています。ここ数年の体形の変化も聴き取りましょう。

〈追加質問〉
- 身体：ご自分の適正体重は何kgですか？
- 移動：移動の時に肥満のために苦労することはありますか？
- 栄養：体重が減少したのは，どのような食事が原因だと思われますか？
- 通院：医師からどのような改善を提案されていますか？

〈関連質問〉
- 健康：1日の中で体重を測る機会はありますか？
- 地域：肥満が理由で外出（散歩など）を控えたことはありますか？
- 楽しみ：これまで楽しんできたことを体重が増えた（減った）ためにあきらめたことはありますか？
- 役割：肥満が改善したらもう一度やりたいと思う役割はありますか？

No.13 半年前に比べて固いものが食べにくくなりましたか

　「食べる」ことと「噛む力」は，密接にかかわっています。「おいしく食べる」「味わって食べる」ために大切なのは噛む力です。咀嚼力の低下は，低栄養だけでなく，認知症の発症や体力・意欲の低下を生み，生活機能の低下にも大きく影響します。

〈追加質問〉
- 咀嚼：食べにくいと感じる料理や食材はどのようなものですか？
- 痛み：半年前に比べて，歯や歯茎に痛みや変化はありますか？
- 歯磨き：歯磨きはどのようにされていますか？
- 通院：歯医者に定期的に通うことをされていますか？

〈関連質問〉
- 口腔：大きな声で話したり歌ったりすることはされていますか？
- 認知症：この半年でもの忘れが増えていませんか？
- 意欲：おいしいと思うメニューはありますか？
- 呼吸：無理なく呼吸ができていますか？

No.14 お茶や汁物等でむせることがありますか

　高齢者が飲み込みに支障を感じるのは，嚥下機能の低下が想定されます。通常は誤嚥すると気道の防御反応で咳やむせが生じます。誤嚥時に喀出が十分にできないと，誤嚥性肺炎などを発症することになります。

〈追加質問〉
- むせ：食べ物が気管に入って咳き込んだことはありますか？
- 姿勢：どのような姿勢で食べていらっしゃいますか？
- 工夫：むせないための工夫をしていらっしゃいますか？
- 速さ：若いころから食べるのは早い方でしたか？

〈関連質問〉
- 運動：嚥下能力の改善のためにお口の体操をされたことがありますか？
- 生活：むせるのが怖くて，お茶や汁物を控えていませんか？
- 治療：むせることを医師に相談したことはありますか？
- 関係：話が聞き取りにくいと言われたことはありますか？

No.15　口の渇きが気になりますか

　高齢になると，唾液の分泌量が低下し，口の中が乾燥することが多くなります。すると，口の中がネバネバになる，細菌が増殖する，虫歯や歯周病になる，口臭が強くなることが起こります。さらに，嚥下困難や誤嚥性肺炎の原因にもなります。

〈追加質問〉
- 治療：医師（歯科医師）から飲む水の量について指示を受けていますか？
- 口臭：口臭が強いと言われたことはありますか？
- 水分：トイレ（排尿）が気になって水分を控えることはありますか？
- 脱水：脱水にならないように，工夫されていることはありますか？

〈関連質問〉
- 運動：パンやクッキー，おせんべいなどが食べにくいと感じたことはありませんか？
- 生活：食事をしても味が分からない（味覚障害）ことがありますか？
- 会話：口が乾いて会話がつらくなるということはありますか？
- 健康：水を飲むことを控えてしまうことはありますか？

オリジナル質問　これまで大きな病気やけがをしたことはありますか

　高齢期になるまでに大きな病気やけがをした人は，治療・入院経験，回復・療養経験，疾患・障がいを持ちながらの生活体験を持っています。<u>一連の治癒経験は，本人の生活歴や人生観，健康観，予防意識に何らかの影響を与えています</u>。

〈追加質問〉
- 原因：どのような病気（けが）で入院されたのですか？
- 健康観：その経験で，健康への意識はどのように変わりましたか？
- つらさ：その間（これまで），どのようなことが大変でしたか？
- 回復：復帰されるまでに，どのようなリハビリをされましたか？

〈関連質問〉
- 運動：その間，どのような生活動作が大変でしたか？
- 生活：家事などで一番苦労されたことはどのようなことですか？
- 家族：その間，ご家族はどのようにかかわってくださいましたか？
- 参加：仕事や趣味のかかわり方で変化したことはありますか？

第6節　心の健康

No.21　（ここ2週間）毎日の生活に充実感がない

「充実感」とは主観的なものです。どのようなことに充実感を感じるのかは，生活歴や生活習慣，価値観，性格，人間関係によってさまざまです。<u>「充実感」という表現がピンと来ない人には「ハリのある生活」と言い換えてもよいでしょう。</u>

〈追加質問〉
- 対象：どのようなこと（時）に充実感を感じますか？
- 頻度：ここひと月や半年ではいかがですか？
- 以前：元気なころは，どのようなこと（時）に充実感を感じましたか？
- 努力：充実感を得るために，努力していらっしゃることは何ですか？

〈関連質問〉
- 運動：動きづらい，歩きづらいなどが影響していますか？
- 生活：家事などに影響していることはありますか？
- 参加：以前はどのような集まりに参加していらっしゃいましたか？
- 健康：ここ最近，体調がすぐれないことが影響していますか？

No.22　（ここ2週間）これまで楽しんでやれていたことが楽しめなくなった

「楽しい」という気持ちは，たとえ毎日の生活に充実感がなくても，瞬間的にでも湧き上がるプラスの感情です。ここ2週間で「楽しめなくなった」という人には「楽しめなくなったこと」を具体的に聴き取り，何が影響しているか，どうしたらよいかを考えるきっかけにしましょう。

〈追加質問〉
- 内容：どのようなことをしている時に楽しいと感じますか？
- 原因：楽しめないのは，どのようなことが原因だと思われますか？
- 意向：また○○が楽しめるようになりたいと思われますか？
- 改善：そのためには，何が良くなれば楽しめるようになるとお考えですか？

〈関連質問〉
- 移動：ご自分にとって楽しい場所とはどちらですか？
- 生活：日々の生活をどのように楽しんでいましたか？
- 参加：どのようなことなら，楽しめそうですか？
- 習慣：楽しむために，気をつけていたことはどのようなことですか？

No.23 （ここ２週間）以前は楽にできていたことが今ではおっくうに感じられる

　「おっくう」と近い表現として，「面倒」「手間取る」「わずらわしい」があります。これまでのADLやIADLでおっくうになったことと理由（原因）を身体動作ごとに聴き取ります。また，そのことが生活全般にどのように影響しているかも把握しましょう。

〈追加質問〉
- 内容：どのようなことが特におっくうになってきましたか？
- 原因：おっくうになるのは，どのようなことが原因だとお考えですか？
- 意向：また〇〇が楽にできるようになりたいと思われますか？
- 改善：そのためには，何がよくなればと思われますか？

〈関連質問〉
- 運動：どの動作が原因で〇〇をおっくうだと思われるのですか？
- 生活：どの家事のどの部分が特におっくうになったのでしょうか？
- 参加：どのような集まりに参加するのをおっくうだと感じますか？
- 健康：健康管理でおっくうになってきたことはありますか？

No.24 （ここ２週間）自分が役に立つ人間だと思えない

　何らか役に立てていると自己肯定感を抱け，家族や地域，仲間の中に「居場所」があり，それが本人の尊厳を支えます。一方で，役割の喪失で生きていることに無意味さを感じたり，抑うつ状態や心の疲労感につながる場合もあります。

〈追加質問〉
- 内容：これまで家族や地域でどのような役割を担ってきましたか？
- 原因：役に立てないと思われる原因は何でしょうか？
- 意向：また〇〇で役に立てるような自分になりたいですか？
- 行動：〇〇が改善すれば，どのような役に立てると思われますか？

〈関連質問〉
- 運動：〇〇が役に立てなくなったのは，身体が原因ですか？
- 生活：暮らしの中で，役に立てそうなのはどのようなことでしょうか？
- 関係：今の気持ちを聞いてくれる家族や友人，知り合いはいますか？
- 健康：病気や障がいがどの程度改善すれば役に立てると思いますか？

No.25　（ここ２週間）わけもなく疲れたような感じがする

　この質問では，身体的な疲れより「心理的な疲れ」に着目します。ポイントは「わけもなく」という点です。自分でも原因が分からない「あいまいな疲れ」はどこからきているのか。身体機能の低下，近親者の死亡など喪失体験の有無なども含めて把握します。

〈追加質問〉
- 内容：ここ半年でつらいことが何かありましたか？
- 状況：そのような時はどうされているのですか？
- 意向：ご自分で何とかしたいと思われることはありますか？
- 改善：その時にはどのような気分転換をされていますか？

〈関連質問〉
- 参加：わけもなく疲れた時は外出が減りますか？
- 生活：食事や掃除，洗濯などはどうされていますか？
- 関係：ご家族や友人にその気持ちを話されたことはありますか？
- 健康：主治医か専門医に相談しようと思われていますか？

オリジナル質問　（ここ２週間）人と話す気にならない時がある

　おしゃべり好きだった人が会話を面倒に感じるのは，話題に入れない，聞き取れない，言葉が出てこないなど，初期のうつ症や認知症が疑われます。話す気になれない原因ばかりでなく，どうすれば改善するかという点に着目しましょう。

〈追加質問〉
- 心理：話す気にならなくなるのはどのような時ですか？
- 関係：話す気にならなくなるのはどのような相手の人ですか？
- 関係：おしゃべりをしたい話題はありますか？
- 生活：そのような時は，何をして過ごされていますか？

〈関連質問〉
- 運動：ここひと月，身体を動かしたり散歩したりしていらっしゃいますか？
- 生活：隣近所の人とあいさつくらいはされていますか？
- 関係：会話する以外でコミュニケーションをとることはありますか？
- 健康：主治医から処方されたお薬は定期的に飲めていますか？

第4章

興味・関心チェックシート活用法

第1節 質問から4つの領域の課題発見 ……66
第2節 ADL ……70
第3節 IADL ……74
第4節 外出 ……77
第5節 役割 ……78
第6節 人間関係 ……79
第7節 社会貢献（社会参加）……81
第8節 趣味（書く，読む，描くなど）……83
第9節 趣味（鑑賞する，楽しむ，遊ぶ）……86
第10節 趣味（動かす，競う，楽しく動く）……89
第11節 楽しみ（応援する，賭ける）……91
第12節 仕事（楽しむ，稼ぐ）……92
参考資料 意欲・動機づけシート ……94

第1節 質問から4つの領域の課題発見

　基本チェックリストが主にADLと心身の健康状態を把握するものとするなら，興味・関心チェックシートは主に人間関係や社会参加，役割，趣味・楽しみを把握するためのものと言えます。基本チェックリストでは把握しきれない「日々の過ごし方と楽しみ方」を引き出すには，とても有用なものです。「している」「してみたい」「興味がある」の3つの選択肢を基にやりとりをして，その内容を手元の白紙の「介護予防ケアプラン」にメモとして直接書き込んでおけば洩れをなくすだけでなく，効率的なアセスメントとなり，プレ・プランニングに生かすことができます。

1 CADLと興味・関心チェックシートの親和性

　これまでの介護予防ケアマネジメントのアセスメントは，ADL，IADLおよび健康の領域が中心で，この2つは主にICF（国際生活機能分類）の「心身の機能および構造」と「活動」の視点で行われてきました。しかし，ICFには「参加」の領域があり，それに大きく影響する因子として「環境因子」と「個人因子」が設定されていることを忘れてはいけません。

　CADL（文化的日常生活動作：高室成幸提唱）は，ICFの「参加」と「個人因子」の視点から「本人の文化的な生活（暮らしぶり，ライフスタイル）」に着目した画期的なアセスメント領域です。これまでは「生きがい」などと抽象的にひとくくりにまとめられてきたものを「本人が行う学び，楽しみ，趣味，仕事，役割」などを「**文化性（Culture）**」として整理しまとめました。

　CADLは，本人の意欲や自己肯定感，モチベーションにつながり，要支援者だけでなく寝たきりの要介護5の状態になっても課題設定や暮らしの環境づくりに盛り込めるアセスメント領域です。このCADLは興味・関心チェックシートとも親和性が高く，本書が提案する「本人とともにつくる」トータルアプローチのアセスメントの際に活用できます。なお，さらに発展させた「**意欲・動機づけシート**」（作成：高室成幸，協力：奥田亜由子）を参考資料として収録しました（P.94）。

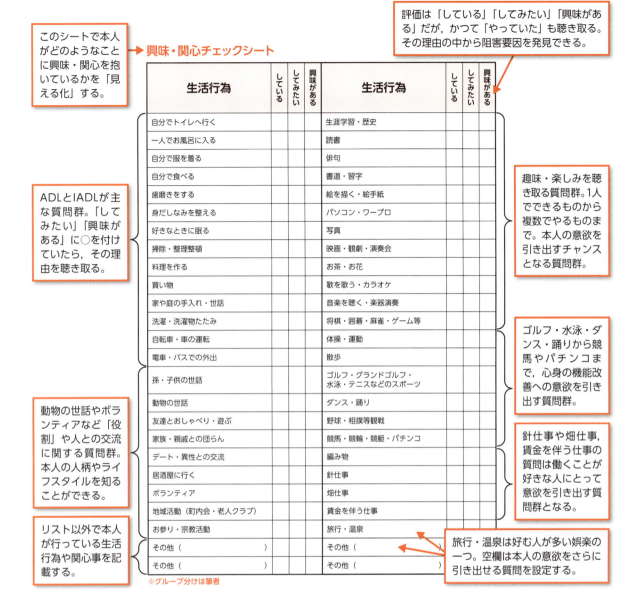

2 興味・関心チェックシートの活用

　興味・関心チェックシートは，いずれも「している」「してみたい」「興味がある」の3つから1つを選ぶようになっています。しかし，それだけではなぜしているのか（していないのか），なぜ「してみたい」「興味がある」のかなどは分かりません。また，いつまでに（時期），どこで（場所），誰と（家族，友人）などもはっきりしません。11の項目（46質問）の中で4つの領域につながる質問の「している」「してみたい」「興味がある」を確認したら，「深める質問」で具体的に引き出し，「関連質問」でつなげます。なお，すべての項目を質問するのでなく，本人が動機づけられる項目を選んで行います。

> 状況：「〇〇について"している"にチェックされていますが，どのような状況なのか，具体的に教えていただけますか？」
> 原因：「〇〇について"してみたい"にチェックされていますが，その理由を教えていただけますか？」
> 希望：「〇〇について"興味がある"にチェックされていますが，どのようなところに興味を持たれたのですか？」

1）深める質問

46の質問のうち4つの領域につなげるのに効果があると思われる質問に対する回答を確認し，「深める質問」を行います。その際，4つの領域ごとに基本チェックリストの質問と照合しながら行うと効率的でしょう。

(1)「している」の読み取り方

「している」と答えていたら，まずは肯定的に受け止め，具体的な事柄を聴き取ります。単純に「自立」と決めつけず，以前と比べて頻度が減っているか，先々に不安を感じているかなど，質問で深めていきましょう。

> ・「どのようにされているかを聞かせていただけますか？」
> ・「どのように工夫したり，周囲の方にお手伝いをしてもらったりしていますか？」
> ・「やりづらいこと（時間帯，場所，場面など）はありませんか？」
> ・「先々やりづらくなると不安なこと（リスク予測）はありますか？」

(2)「してみたい」の読み取り方

「してみたい」という答えは，かつてはやっていた（やれていた）が，今ではその機会がなくなってしまっただけかもしれません。あるいは「以前からやってみたいと思っていた」のかもしれません。やっていない事情（いつから，理由，場面など）ややりたい思い（いつから，理由，動機など）を聴き取り，何を改善すればやれるようになるかを一緒に考えましょう。

> ・「していないのはどのような理由なのか，聞かせていただけますか？」
> ・「どのような条件（チャンス）がそろえばやってみたいと思われますか？」
> ・「ご自分なりにどのように工夫したり，周囲の方にお手伝いをしてもらえたらできそうですか？」
> ・「いつまでにやれるようになりたいと思っていらっしゃいますか？」

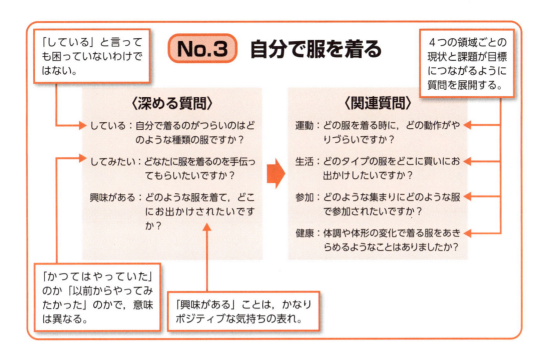

(3)「興味がある」の読み取り方

「興味がある」という答えは，「今はやっていない」「一度もやったことはない」が，何かのきっかけや支援があればやってみたいという**ポジティブな気持ち**の現れです。肯定的な姿勢または応援する姿勢で受け止め，興味を抱く理由や興味のレベルを聴き取りながら，意欲を引き出すポイントをつかみましょう。

- 「〇〇に興味があるのはいいですね。その理由を教えていただけますか？」
- 「いつから〇〇に興味があったのですか？」
- 「〇〇ができるようになれば，次に何をやってみたいですか？」

2）関連質問

ここで重要なのが「関連質問」です。関連質問で本人や家族が「阻害要因・リスク」に気づき，希望や願いを質問されることで「改善・達成の可能性」に動機づけられることを目指します。また，他の領域の課題の発見と解決にもつながることも意識して進めます。

関連質問で浮きぼりになった阻害要因やリスクを総合的な課題として位置づけ，改善に取り組むことで，「1つの課題の取り組み」が「複数のCADLの実現」やADLやIADL，健康の改善を可能にすることを目指します（**課題の紐づけ**）。

ここで注意したいのは，「かつてはそれなりの腕前だった」などの上級者の場合です。その項目をことさら「再びできるように」と動機づけることは，マイナス効果となる場合があるので注意しましょう。

第2節 ADL

No.1 自分でトイレへ行く

　この質問のポイントは，本人が「どの場所のトイレ」に行くことを想定しているかということです。本人の希望や意欲，社会参加への広がりを聴き取りましょう。

〈深める質問〉
- している：外出先のトイレで困ることはありませんか？
- してみたい：今，自分でトイレに行けないことでどのようなことに困っていますか？
- 興味がある：どなたに，どのような介助をしてもらってトイレに行かれていますか？

〈関連質問〉
- 運動：自分でトイレに行けないのは，どのような事情ですか？
- 生活：自分でトイレに行くために，どのような工夫をされていますか？
- 参加：自分でトイレに行けるようになったら，どのようなところに出かけたいですか？
- 健康：どのような時（時間帯，場所，集まり）に自分でトイレに行くのがつらくなりますか？

No.2 一人でお風呂に入る

　この質問のポイントは，「どの場所のお風呂」を想定しているか（自宅，スーパー銭湯，温泉）ということです。お風呂で行う身体動作を丁寧に聴き取り，どこまでが一人で行えているか，その改善の可能性に向けて動機づけを行います。

〈深める質問〉
- している：お一人でお風呂に入ることで不安になることはどのようなことですか？
- してみたい：お一人で入られていないのは，いつごろから，どのような理由からですか？
- 興味がある：興味があると思われるのはなぜですか？

〈関連質問〉
- 運動：一人でお風呂に入る時に，やりづらい動作にはどのようなものがありますか？
- 生活：いつまで，どのようにして一人でお風呂に入れるようになりたいと思われますか？
- 関係：温泉や銭湯に一緒に行きたいと思う方はいらっしゃいますか？
- 体調：お一人でお風呂に入る時に不安に思うこと（体調，体温，気温，湯温，足元など）はありますか？

No.3　自分で服を着る

　この質問から，「自分で服を着る」ことでどのように暮らしが充実するか，どこに出かけて誰と会って何をしたいか，健康上で心配なことまで話題を広げ，<u>どうしたら自分で服を着ることを楽しめるか</u>を聴き取りましょう。

〈深める質問〉

している：自分で着るのがつらいのはどのような種類の服ですか？

してみたい：どなたに服を着るのを手伝ってもらいたいですか？

興味がある：どのような服を着て，どこにお出かけされたいですか？

→

〈関連質問〉

運動：どの服を着る時に，どの動作がやりづらいですか？

生活：どのタイプの服をどこに買いにお出かけしたいですか？

参加：どのような集まりにどのような服で参加されたいですか？

健康：体調や体形の変化で，着る服をあきらめるようなことはありましたか？

No.4　自分で食べる

　この質問から，<u>「食べること」への意欲と自立度を把握</u>します。自分で食べられるのであれば（食べられるようになったら），「いつ頃」「どこで」「誰と」「どのような食事」をしたいかを聴き取りましょう。

〈深める質問〉

している：どのような食べ物（メニュー）をよく食べていますか？
どのような食べ物（メニュー）が食べづらいですか？

してみたい：どのような食事をどなたと取りたいですか？

興味がある：ご自分で食べられるようになったら，どのような料理を食べたいですか？

→

〈関連質問〉

動作：○○を食べる時，特にやりづらいのはどのような動作ですか？

生活：レストランなどに行かれた時は，どのように食事をされていますか？

買い物：食べ物を買うなら，どこで，どのようなものを買いたいですか？

体調：体調が良い時（歯が痛まないなど），どのような食べ物を誰と食べたいですか？

No.5 歯磨きをする

　この質問では，歯磨きを通じて虫歯・歯周病・口臭の予防をはじめとする口腔ケアをどの程度行っているか，日常生活での実行状況などを聴き取ります。

〈深める質問〉

している：日頃，歯磨きをされていて面倒なことはありますか？

してみたい：どのようなお手伝いがあれば，ご自分で歯磨きができそうですか？

興味がある：どのような方法（やり方）があるか，知りたいと思われますか？

〈関連質問〉

動作：歯磨きで，特につらい（おっくうな）動作はありますか？

習慣：これまでの歯磨き習慣はどのようなものでしたか？

楽しみ：歯の痛みや歯周病で食事の楽しみをあきらめたことはありますか？

体調：どのような体調の時に歯磨きがつらくなりますか？

No.6 身だしなみを整える

　「身だしなみ」には，「衣服の着替え」「整容」「化粧」があります。「場所」「目的」「相手」「季節」「時間帯」ごとにどのような身だしなみで出かけたいのかを聴き取ります。以前はどのような身だしなみでどこに行っていたかまで聴き取ると参考になります。

〈深める質問〉

している：普段，身だしなみにはどれくらいの時間をかけていますか？

してみたい：身だしなみを整えるのに，つらいことはありますか？

興味がある：どの集まり（相手など）なら，また身だしなみを整えて出かけたいですか？

〈関連質問〉

動作：身だしなみを整える時，どのような動作がやりづらいですか？

買い物：どのような身だしなみで買い物に出かけたいですか？

参加：身だしなみができないために，これまで出席（参加）を控えたことはありますか？

体調：身だしなみができない時は，どのような体調の時ですか？

No.7　好きなときに眠る

これは現役時代に働きづめだった人や今も家事や農作業，家族の介護に忙しい人には憧れです。現在の生活習慣と睡眠パターンにはじまり，昼夜逆転や疾患による不眠などの症状の有無も確認し，改善の意思を把握します。

〈深める質問〉

している：どのような睡眠のパターンなのか，教えていただけますか？

してみたい：眠ることにどのような支障がありますか？

興味がある：どのようにぐっすりと眠りたいと思われますか？

〈関連質問〉

運動：日中は運動や○○をするなどをしていらっしゃいますか？

生活：起きてから眠るまでの一日の生活の流れを教えていただけますか？

体調：眠れない時はどのように夜を過ごしていらっしゃいますか？

治療：睡眠不足のことを医師に相談して薬を処方されていますか？

コラム　質問が持つ「4つの力」を使いこなす

アセスメントでは，利用者とのやりとりがとても大切です。話してもらうための手法として，質問展開法を確立しました。実は，質問には相手の話を引き出す4つの力があるのです。

1．考える力

人は，質問されると「私は…」と考えをめぐらす（答えを考える）習性があります。言ってみれば，質問は釣り糸の先に付けたルアーのようなもの。ルアーに食いついてもらうためには，考えやすい質問をすることが大切です。

2．気づく力

私たちは，指摘されるよりも「……ということはありましたか？」と示唆的に質問された方が，「実は……」と気づきが生まれる確率が飛躍的に上がります。

3．動機づける力

質問には仮説を前提とした質問法があります。「もし仮に……」と前向きな状況を踏まえて質問すれば，「そうなるなら○○はやってみたい」と返答する率はかなり上がります。未来志向の質問は人を動機づけます。

4．関係づくり力

信頼関係や人間関係の深まり具合が質問のやりとりレベルに表れます。アセスメントの質問群はかなりナイーブな質問が多いので，「質問する理由」を説明するのは大切なエチケットです。

第3節 IADL

No.8 掃除・整理整頓

「掃除・整理整頓」の質問から現在の状況だけでなく，していないことのリスク，好き・嫌い，得意・不得意，きれいにしたいこだわりの場所・時期，使いづらくなった掃除道具などを聴き取りましょう。

〈深める質問〉
している：掃除をやっていて先々不安に思うことはありますか？
してみたい：どの部屋（場所）の掃除や整理整頓をやりたいと思われますか？
興味がある：掃除の方法に興味がありますか？ どの部屋をどのように整理整頓されたいですか？

→

〈関連質問〉
動作：掃除や整理整頓でどの動作がつらいですか？
生活：掃除や整理整頓でやりづらい場所はどこですか？
道具：掃除道具の活用や工夫はされていますか？
関係：自宅に招いて楽しい時間を過ごしたい方はいらっしゃいますか？

No.9 料理を作る

料理は，<u>低栄養予防だけでなく，健康管理や認知症予防にも効果のある生活行為</u>です。料理の範囲を3度の食事だけでなく，おやつ作りや作りおき，おすそ分けなども含めて幅広く聴き取ります。

〈深める質問〉
している：料理を作っていて，先々不安に思われることはどのようなことですか？
してみたい：どのような条件がそろえば料理をやってみたいと思われますか？
興味がある：どういう料理を作ってみたいですか？

→

〈関連質問〉
認知：料理の手順が混乱しないようにどのような工夫をされていますか？
参加：料理教室があれば，参加して腕前を上げたいと思われますか？
関係：どなたのために作ってみたいですか？
栄養：どのような栄養を摂らなければいけないかご存じですか？

No.10 買い物

　ここでは，日用品の買い物とは区別し，洋服や装飾品，嗜好品，身内・友人への贈り物，趣味の道具，本・雑誌，ペット用品などをどこに買いに行くのか，店の名前や場所まで含めて聴き取りましょう。

〈深める質問〉

している：日用品以外の買い物は，どこに何を買うために行かれますか？

してみたい：〇〇が良くなれば，どこに何を買いに行きたいと思われますか？

興味がある：今，一番買いたいものは何ですか？　通信販売やテレビショッピングを利用されたことがありますか？

〈関連質問〉

体調：買い物に行くのに，体調で気がかりなことはどのようなことですか？

楽しさ：これまでどのようなお店に行く時にワクワクしましたか？

関係：どなたと買い物に行くのが楽しみですか？

身だしなみ：おしゃれのための買い物なら，どこにお出かけしたいですか？

No.11 家や庭の手入れ・世話

　家や庭の「手入れ・世話」をすることは，家や庭への愛着です。季節ごとの家の修繕にはじまり居間や玄関の置き物や装飾品，ガーデニング，庭の木や盆栽の手入れなど，これまでされてきたことなどを聴き取ります。

〈深める質問〉

している：家や庭の手入れや世話で特にこだわっていることはどのようなことですか？

してみたい：手入れや世話ができなくなったのはどのようなことが原因ですか？

興味がある：家や庭の手入れで，どのようなところに興味がありますか？

〈関連質問〉

運動：家や庭の手入れで，どのような動作がつらいですか？

関係：どなたの協力があれば，家や庭の手入れができそうですか？

時期：いつごろから家の手入れや世話を再開したいですか？

体調：家の手入れや世話をするためには，どのように体調が良くなればよいと思われますか？

No.12　洗濯・洗濯物たたみ

　洗濯は，方法（手洗い，洗濯機，外干し・室内干し，乾燥機）によって身体的な負担が異なります。洗濯物をたたむところまで含めて聴き取ります。

〈深める質問〉

している：洗濯をしていて面倒とか，つらいとか思われることはどのようなことですか？

してみたい：どのような条件がそろえば洗濯をしたいと思われますか？

興味がある：洗濯にもいろいろな方法があります。どのような電化製品を使ってみたいですか？

〈関連質問〉

予測：自分で洗濯ができなくなったら，どうしようと思われていますか？

関係：どなたの協力があれば，洗濯をしたいと思われますか？

継続：どの衣類なら，ご自分で洗濯を続けたいと思われますか？

器具：電化製品は，今まで何を使ってこられましたか？

オリジナル質問　宅配便などの注文・受け取り

　宅配サービスを利用すれば，自宅にいても地方の名産品だけでなく，日用品や食料品まで生活に必要なものをほとんどそろえることができます。注文の方法まで含めて聴き取りをしましょう。

〈深める質問〉

している：宅配サービスの注文や受け取りの時に苦労されることはどのようなことですか？

してみたい：宅配サービスの注文や受け取りをやってみたいと思われるのはなぜですか？

興味がある：宅配サービスの注文ができるようになったら，何を注文したいと思われますか？

〈関連質問〉

会話：宅配サービスの注文や受け取りで会話に不安はありますか？

生活：日用品の買い物に宅配サービスを利用するとしたら，何を注文されますか？

関係：宅配サービスの注文や受け取りで協力してくれる方はいらっしゃいますか？

注文：宅配サービスの注文書を書くのにどのようなことが苦労ですか？

第4節 外出

No.13 自転車・車の運転

　外出の手段として，高齢者にとって自転車や自動車は「生活の足」です。その目的は，買い物などの日常生活から趣味の会や地域行事などの社会参加まであります。外出の不安や困り事だけでなく「どこへ行って，誰に会いたいか，何をしたいか」など社会参加への意欲を聴き取りましょう。

〈深める質問〉
- している：自転車・車の運転でヒヤッとするのはどのような時ですか？
- してみたい：自転車・車（電動車いす含む）が運転できるようになったらどこに行きたいですか？
- 興味がある：興味があるのはどのようなことですか？

〈関連質問〉
- 移動：何歳まで自転車（自動車）でお出かけしたいと考えていらっしゃいますか？
- 生活：日常の暮らしで自転車や自動車をどのような時に使っていらっしゃいますか？
- 参加：自転車・自動車で出かけて参加したい集まりがありますか？
- 関係：自転車・自動車でどのような人とどこへお出かけしたいですか？

No.14 電車・バスでの外出

　電車・バス（タクシーを含む）で，いつ，どこに，誰と，何をするために外出したいのかを聴き取りましょう。かつての外出歴も参考になるでしょう。

〈深める質問〉
- している：電車やバスの移動で，先々どのようなことがつらくなりそうですか？
- してみたい：いつごろから電車やバスで外出されなくなったのですか？
- 興味がある：どのような条件が整えば，外出したいと思われますか？

〈関連質問〉
- 生活：電車やバスで外出される目的は何ですか？
- 参加：電車やバスで何かの催しに参加されることはありますか？
- 関係：電車やバスで外出できなくなったら，頼れる人はいますか？
- 体調：電車やバスに乗っていて，体調を崩された経験はありますか？

第5節 役割

No.15 孫・子供の世話

役割は，本人の自己肯定感や有能感に影響します。孫・子どもの世話など身内の中での役割を聴き取ることで，家族歴や家族関係を把握します。

〈深める質問〉

している：お孫さんやお子さんの世話でつらくなってきたことはどのようなことですか？

してみたい：もし○○が改善されたら，どのようなお世話をもう一度したいと思われますか？

興味がある：どのようなお世話なら，してみたいと思われますか？

〈関連質問〉

移動：お孫さんやお子さんのお世話で外出されることはありますか？

家族：これまでどのようなお世話をしてこられましたか？

参加：お孫さんと一緒に地域の行事に出かけられたことはありますか？

健康：体調がつらくて頼まれたことをあきらめたことがありますか？

No.16 動物（ペット）の世話

高齢者で動物（ペット）を飼っている人は多くいます。お世話は，本人の生きがいや日々の張り合いになり，アニマルセラピーの効果も期待できます。どのようにお世話をしたいのかを聴き取りましょう。

〈深める質問〉

している：○○ちゃん（ペットの名前）の世話でつらくなっていることはどのようなことですか？

してみたい：どのようなペットを飼ってみたいと思われますか？

興味がある：ペットシッターのサービスがあれば利用したいと思われますか？

〈関連質問〉

運動：ペット（例：犬）が飼えるのであれば，どこを散歩したいですか？

参加：ペットと一緒にイベントにお出かけしたいと思われますか？

友人：ペットを通じて知り合ったお友達はいらっしゃいますか？

健康：ペットの世話を続けるために，ご自分なりにどのようなところを良くしたいと思われますか？

第6節 人間関係

No.17 友達とおしゃべり・遊ぶ

友達とのおしゃべりや遊びは「暮らしの活力」です。おしゃべりの相手と話題・場所・頻度，遊びの相手と種類・頻度などを聴き取ります。

〈深める質問〉

している：どのような話題で盛り上がりますか？ どのような遊びをしていらっしゃいますか？

してみたい：以前はどのようなお友達とおしゃべりや遊びを楽しんでいらっしゃいましたか？

興味がある：どのようなお友達とどのような話題（遊び）で盛り上がりたいと思われますか？

〈関連質問〉

運動：お友達のところにはどのような手段で行ってましたか？

関係：お友達と電話でやりとりしたり，来てもらったりすることはありますか？

健康：どれくらい身体がよくなれば，お友達のところに行けそうですか？

体調：体調がつらくてあきらめた遊びなどはありますか？

No.18 家族・親戚との団らん

家族・親戚とのこれまでの団らんの様子（盆・暮れ，お祭り，冠婚葬祭など），頻度・集まりの人数などを聴き取り，本人の願いや意欲を引き出します。

〈深める質問〉

している：ご家族や親戚の団らんの場で，最近つらいことはどのようなことですか？

してみたい：以前，ご家族や親戚でどのような団らんの時を過ごされてましたか？

興味がある：ご家族や親戚と過ごしたい行事は何がありますか？

〈関連質問〉

移動：自宅以外で家族や親戚が一堂に集う場に行きたいと思われますか？

生活：家族や親戚との団らんでは，どのような料理を作っていらっしゃいましたか？

参加：この一年で冠婚葬祭に参加されましたか？

健康：家族や親族の集まりに参加する上で体調に心配なところはありますか？

No.19　デート・異性との交流

　高齢者になっても異性（夫婦含む）とのふれあいはとても魅力的なひと時です。デートだけでなく，世間話や観劇を楽しんだり，散歩やハイキングに出かけたりするなど，「異性との楽しいひと時」を聴き取ります。

〈深める質問〉

している：ご夫婦で楽しめる時間をお持ちですか？

してみたい：どのようなところに出かけたいと思われますか？

興味がある：どのような出会いの場なら顔を出してみたいと思われますか？　例えば，社交ダンスなどに興味がありますか？

〈関連質問〉

移動：体調が良ければどのあたりまで足を伸ばしてみたいと思われますか？

運動：ご一緒にお出かけする際に，身体で不安に思うことはありますか？

関係：異性のご友人や仲間はいらっしゃいますか？

健康：ご一緒にお出かけするために，体でよくなってほしいと思うところはありますか？

No.20　居酒屋に行く

　居酒屋のほかに，スナックやクラブ，バー，レストランなども対象にしましょう。かつての武勇伝や交友関係などから聴き取りましょう。

〈深める質問〉

している：なじみのお店がありますか？　お酒はどれくらいたしなみますか？

してみたい：〇〇が改善したら，また行きたいと思う居酒屋（レストラン）はどちらですか？

興味がある：〇〇のお店でどのようなことを楽しんでみたいですか？

〈関連質問〉

運動：〇〇に行くために，どのようなことを頑張りたいと思われますか？

関係：誰とお酒を飲みに行きたいですか？

健康：〇〇で楽しい時間を過ごすために，身体で良くなってほしいところはどこですか？

体調：〇〇に行って，体調に不安を抱いたことはありますか？

第7節 社会貢献（社会参加）

No.21 ボランティア

　高齢者が参加しているボランティアは，福祉・介護系から子育て支援，自然保護，国際交流，防災までさまざまです。ボランティア活動は，承認欲求や自己有能感が満たされ，個人の心身の機能や認知機能の維持にも効果的です。

〈深める質問〉

している：ボランティアを続けているやりがいは何ですか？

してみたい：どのようなボランティアならやってみたいと思われますか？

興味がある：ボランティアにはどのような点で興味を持たれるのですか？

〈関連質問〉

運動：ボランティアをやっていてつらいことはありますか？

家族：ボランティアをしていたことを家族は何とおっしゃっていますか？

関係：ボランティアのお仲間にどのような方がいらっしゃいますか？

健康：ボランティアをする上で健康に気をつけていることはありますか？

No.22 地域活動（町内会・老人クラブ）

　地域活動には，町内会や老人会のほかに商店街組合，商工会，伝統芸能の会なども含まれます。50代からの活動の様子を聴き取ることで，地域活動への意欲を把握しましょう。

〈深める質問〉

している：〇〇の地域活動をされていて，そのやりがいは何ですか？

してみたい：どのような条件が整えば，どのような地域活動をされたいですか？

興味がある：特に興味を抱いている地域活動はありますか？

〈関連質問〉

運動：地域活動をしていて最近おっくうに感じることはありますか？

参加：今までどのような地域活動に参加してこられましたか？

関係：地域活動を通してどのような方と知り合いになられましたか？

健康：地域活動を続ける（再開する）ために身体で改善したいと思うところはありますか？

No.23　お参り・宗教活動

　お参りや宗教活動には，心の安寧だけでなく人間関係づくりや社会参加という意味合いもあります。きっかけや続けている動機，普段の活動の様子を聴き取ることで，本人の生きがいに触れることができます。

〈深める質問〉

している：それらを続けられこられた思いを聞かせてもらえますか？

してみたい：なぜ〇〇をやめてしまわれた（続けられなくなった）のですか？

興味がある：どのようなところに興味を持たれるのですか？

→

〈関連質問〉

移動：お参りや宗教活動のためにどこまで行かれるのですか？

生活：それらがどのように生活（人生）の張り合い（リズム）になっていますか？

関係：それらを通じて，どのような方と知り合いになられましたか？

健康：〇〇を続ける（再開する）ために，身体で改善したいと思うところはどこですか？

コラム　CADL質問で「本人らしさ」を深く知る

　介護予防のアセスメントでは，ADLと心身の機能面や疾患管理などの質問が重視されてきました。
　CADL（文化的日常生活動作）の質問が本人を動機づけるのは，ADL・IADLの改善や体調管理ができることで，生活をより楽しめるからです。CADLが目指す「本人らしさ」は，「なじみ・好み・夢中・役割」の4つのキーワードに象徴されます。

1．「なじみ」
　なじんだ人，なじんだ場所・空間，なじんだ音楽・アートは本人の心を癒し，この上もない心地よさに身を委ねることができます。

2．好み・夢中
　大好きな趣味，夢中になる趣味にも種類があります。アートなら創作系から鑑賞系，スポーツなら実践系と観戦などのサポーター系があります。さらには，昆虫や小物の収集系，旅行などの体験系，歴史や英語などの生涯学習系まで，まさに「本人らしさの宝庫」です。

3．役割
　お世話やボランティアに充実感を得るのは，役に立っていることの有能感と「感謝の言葉」をもらえるから。役割とは，集団の中に居場所があることです。役割があるから，集団の中で対等な関係でいられます。役割を実感することで，人は自己肯定感を得ることができるのです。

第8節 趣味（書く，読む，描くなど）

No.24 生涯学習・歴史

歴史は特に男性が好みます。史跡巡りや城址巡りのような行動派から古文書が好きな読書派までさまざまです。時代やテーマに個性とこだわりが現れます。

〈深める質問〉
- している：これまでどこの史跡巡りや古書店通いなどをされましたか？
- してみたい：どの時代の何を知りたいと思われますか？
- 興味がある：どの時代の歴史に興味がありますか？

〈関連質問〉
- 運動：史跡巡りなどではどれくらいの体力を使いますか？
- 移動：歴史を知るためにどのあたりまで行かれたことがありますか？
- 関係：歴史好きのお仲間と会ってお話をされる機会はありますか？
- 記憶：歴史などの調べものをしていて，記憶力に不安を感じたことはありますか？

No.25 読書

読書好きと言っても，実用書（歴史，経済，政治，科学，ルポ，健康など）を好む人と文芸書（小説，詩，短歌，絵本など）を好む人に分かれます。好きな作品や作家に本人のこだわりと好みが現れます。

〈深める質問〉
- している：どのような読書をされていますか？ 月に何冊読みますか？
- してみたい：どのジャンルの作家（作品）を読んでみたいと思われますか？
- 興味がある：読書に興味をひかれるのはなぜですか？

〈関連質問〉
- 移動：本を購入する（貸りる）ためにどのようにされていますか？
- 目標：これからどのような本を読みたいと思っていらっしゃいますか？
- 関係：同じ作家や作品が好きな人とお会いになりたいと思われますか？
- 体調：視力で不安に感じることはありますか？

No.26 俳句（短歌，川柳，詩など）

　俳句や短歌，川柳，詩などをたしなむ人は意外と大勢います。そうした仲間の有無，新聞・雑誌への投稿経験，受賞経験の有無なども楽しい話題の一つです。

〈深める質問〉

している：どのような時に俳句（短歌など）が浮かぶのですか？

してみたい：以前はいつごろ俳句（短歌など）をたしなんでおられたのですか？

興味がある：なぜ俳句（短歌など）に興味を抱かれるのですか？

〈関連質問〉

移動：俳句を詠むために，どこまで足を伸ばされたことがありますか？

参加：これまで新聞や雑誌に投稿されたことはありますか？

関係：俳句（短歌など）を通じたお友達は何人くらいいらっしゃいますか？

精神：俳句（短歌など）を詠んでいる時はどのようなお気持ちですか？

No.27 書道・習字

　書道・習字は，<u>認知機能改善と共にストレス解消や集中力のアップに効果があり，手と腕を使うので脳と上半身のトレーニング</u>にもなります。般若心経の写経などは癒し効果も期待でき，人気の趣味です。

〈深める質問〉

している：書道・習字をいつからやっておられるのですか？

してみたい：書道・習字をされていたことはありますか？

興味がある：書道（習字）のどのようなところに興味を抱かれるのですか？

〈関連質問〉

機能：書道・習字をする時は，身体のどこの機能を最も使うのですか？

参加：これまで展示会などに行ったり，出品した経験はおありですか？

関係：書道・習字を通じたお友達は何人くらいいらっしゃいますか？

精神：どのような文字を書いている時が最も落ち着きますか？

No.27　絵を描く・絵手紙

　絵画や絵手紙を描く行為は，全体の構図を考えて手と腕を使うので，認知機能改善とストレス解消，集中力のアップが期待できます。楽しい聴き取りができるでしょう。

〈深める質問〉

している：始められたきっかけやどのようなものを描かれるのか教えてください。

してみたい：どこかに出かけて描きたいですか？　また，何を描いてみたいですか？

興味がある：どのような画材で何を描いてみたいと思われますか？

〈関連質問〉

機能：絵を描く時は，身体のどこの機能が最も疲れますか？

参加：これまで展示会などに行ったり，出品されたりした経験はおありですか？

関係：絵画や絵手紙を通じたお友達は何人くらいいらっしゃいますか？

精神：どのような対象物（人物，風景，動物など）を描いている時が最も落ち着きますか？

No.28　パソコン・ワープロ

　パソコンやワープロは，手紙やレポートを書いたり事務仕事をしたりするだけではなく，コミュニケーションツールにもなります。SNSなどスマートフォンや携帯電話を含めてどのような目的で使っているかを聴き取りましょう。

〈深める質問〉

している：どのようなことを目的に使っていらっしゃいますか？

してみたい：パソコンやワープロをしなくなったのはなぜですか？

興味がある：パソコンやワープロができるようになったら，何をされたいですか？

〈関連質問〉

機能：スマートフォンや携帯電話，タブレットは使っていますか？

役割：パソコンでの作業を頼まれたり，メールのやり取りをしたりしていますか？

意欲：パソコンやワープロはどこかの教室で学ばれたのですか？

関係：フェイスブックやツイッター，インスタグラム，LINEでの友人は何人くらいいますか？

第9節 趣味 (鑑賞する, 楽しむ, 遊ぶ)

No.29 写真

写真撮影は，デジタル機器のコンパクト化やスマートフォンの普及により，女性にも身近な趣味となりました。撮影する場所や対象（家族，子ども，ペット，風景など），きっかけ，発表の機会などを聴き取りましょう。

〈深める質問〉
- している：撮影していて一番楽しいことは何ですか？
- してみたい：何が改善したら，ご自分で写真撮影をしてみたいと思われますか？
- 興味がある：撮影したいのは人物ですか？景色ですか？ 見せたい方はいらっしゃいますか？

〈関連質問〉
- 移動：写真撮影のためにどこまでお出かけになったことがありますか？
- 関係：写真をやり取りする人は誰ですか？
- 参加：撮影した写真を展覧会に出品して，見せたいと思う人や仲間はいますか？
- 体調：写真撮影をしていて，体調が不安になることはありますか？

No.30 映画・観劇・演奏会

映画・観劇・演奏会はファンにはたまらない楽しい時間です。よく一緒に行った相手，頻度，場所，思い出の作品や俳優，ファン歴などを聴き取り，本人の改善への意欲につながるようにしましょう。

〈深める質問〉
- している：最近，どなたとどのような映画（観劇，演奏会）を楽しまれましたか？
- してみたい：体調が良くなったら，どのような映画（演劇）を見に行きたいですか？
- 興味がある：この3つの中で特に興味があるのはどれですか？

〈関連質問〉
- 移動：どこまでどうやって出かけることがありますか？
- 関係：どなたと一緒に楽しみたいと思われますか？
- 意欲：いつまで映画やお芝居，演奏会に出かけていきたいと思われますか？
- 体調：お出かけする上で不安なことはどのようなことですか？

No.31　お茶・お花

　お茶やお花には細やかな所作があり，身体機能と認知機能が求められます。背筋を伸ばしてお花を活ける・お茶をたてる行為は素晴らしい介護予防です。

〈深める質問〉

している：いつから，どの流派や教室で習いましたか？

してみたい：お茶（お花）をやめてしまったのはなぜですか？

興味がある：茶道（華道）に興味を持たれるのはなぜですか？

〈関連質問〉

移動：お茶（お花）のけいこでどこまでお出かけされていましたか？

関係：お茶（お花）を通じたお友達は何人くらいいらっしゃいますか？

貢献：施設などでお茶やお花のボランティアのお話があったら，やってみたいと思われますか？

体調：お茶をたてていて（お花を活けていて），身体の不調が気になることはありますか？

No.32　歌を歌う・カラオケ

　歌を歌うことは気持ちが楽しくなるだけでなく，心肺機能や口腔機能の改善・維持にも効果的です。昔の流行歌は認知症予防や回想法にも活用できます。選曲は本人の個性が現れます。本人の意外な一面に触れることができます。

〈深める質問〉

している：月に何回，どのような人たちとどこでどのような歌を歌っていらっしゃいますか？

してみたい：歌を歌わなくなったのは，いつごろから，どのような事情からですか？

興味がある：○○が改善したら，どのような場で，どのような歌を歌いたいとお考えですか？

〈関連質問〉

機能：歌を歌えるようになるために，身体のどこを良くしたいですか？

関係：歌を通じたお友達は何人くらいいらっしゃいますか？

参加：歌の発表会などがあったら，参加してみたいと思われますか？

体調：歌を歌っていて，体調が不安になることはありますか？

No.33 音楽を聴く・楽器演奏

音楽の好みや好きな楽器には，本人のこだわり，感性（センス）と時代性が現れます。演奏する楽器と場所，グループなどから本人の意欲を引き出します。

〈深める質問〉

している：どのような時に，どの方法で音楽をよく聴かれますか（演奏されますか）？

してみたい：以前はどのような音楽や演奏を楽しんでいらっしゃいましたか？

興味がある：どのような音楽（楽器）に興味がおありですか？

〈関連質問〉

機能：楽器の演奏で最近つらいことはどのようなことですか？

関係：音楽（演奏）を通じたお友達は何人くらいいらっしゃいますか？

参加：楽器演奏を発表する機会があったら，今でもチャレンジしてみたいと思われますか？

精神：どのような音楽だと心が穏やか（元気）になりますか？

No.34 将棋・囲碁・麻雀・ゲーム等

将棋と囲碁は2人，麻雀は4人，ゲームは1人（対戦型あり）でも楽しめます。公民館などで将棋教室や囲碁教室，健康麻雀教室も広く開かれています。どのような楽しみ方をしてきたのか聴き取りましょう。

〈深める質問〉

している：将棋（囲碁，麻雀，ゲーム）をいつまでやり続けたいとお考えですか？

してみたい：将棋（囲碁，麻雀，ゲーム）をやめてしまった（やらなくなった）のはなぜですか？

興味がある：将棋（囲碁，麻雀，ゲーム）に興味があるのはなぜですか？

〈関連質問〉

機能：将棋（囲碁，麻雀，ゲーム）を続けるためには，どのように健康に注意したらよいと思われますか？

関係：将棋（囲碁，麻雀，ゲーム）を通じたお友達は何人くらいいらっしゃいますか？

参加：将棋（囲碁，麻雀，ゲーム）の大会があれば参加したいと思われますか？

体調：将棋（囲碁，麻雀，ゲーム）は長時間になりますが，やっていて体調はいかがですか？

第10節 趣味（動かす，競う，楽しく動く）

No.35 体操・運動

体操・運動にはラジオ体操や市町村のオリジナル体操，ヨガ体操などがあります。テレビや雑誌でも特集のテーマとして取り上げられ，本などを参考に「自己流」でやっている人もいます。その思いや頑張り，悩みを聴き取ります。

〈深める質問〉

している：その体操（運動）はどのような目的で，いつごろからしていらっしゃいますか？

してみたい：やってみたいけどつらかった（痛みがあった）体操や運動はありますか？

興味がある：どのような体操や運動ならしてみたい（できそう）と思われますか？

〈関連質問〉

移動：どこで体操や運動をしていますか？

生活：日常生活の中で，どのような体操や運動ならできそうですか？

機会：近くに定期的に体操や運動をできる場所があったら，参加してみたいと思われますか？

健康：健康のために体操や運動をしてみたいと思われますか？

No.36 散歩

散歩は手軽にできる運動です。<u>心肺機能の強化やダイエット，骨粗鬆症・認知症予防，近隣住民との関係づくり，ストレス解消</u>に効果があります。

〈深める質問〉

している：どの時間に，どれくらいの時間をかけて，どなたと散歩をしていらっしゃいますか？

してみたい：散歩をしてみたいのにできないのはなぜですか？

興味がある：散歩ができるようになったら，どちらまで行ってみたいと思われますか？

〈関連質問〉

移動：○○まで散歩するのに近頃つらくなってきたことはありますか？

生活：お散歩のついでに買い物や他のことをされることはありますか？

関係：散歩をしていてよく会う人はいますか？

健康：散歩を続けるために，どのあたりを注意したいとお考えですか？

No.37　ゴルフ，グランドゴルフ，水泳，テニスなどのスポーツ

　スポーツには，「鍛える・競う」だけでなく，仲間をつくる，ストレスを解消するなど，個人によって目的はいろいろです。始めたきっかけ，続けている理由，やらなくなった理由などを聴き取りましょう。

〈深める質問〉

している：どのようなスポーツをどのくらいの頻度でしていますか？

してみたい：スポーツをしたいのにできないのはなぜですか？

興味がある：どのようなスポーツならしてみたいと思われますか？

〈関連質問〉

運動：スポーツの〇〇を続けるためには，どのような運動が必要だと思われますか？

参加：スポーツの〇〇の競技会や試合に参加してみたいですか？

関係：スポーツを通じたお友達は何人くらいいらっしゃいますか？

健康：スポーツを再びする（し続ける）ために，どのような体調管理が必要だと思われますか？

No.38　ダンス・踊り

　ダンス（フラダンス，ジャズダンス，社交ダンスなど）や踊り（日本舞踊，盆踊りなど）は，<u>音楽を楽しみながら全身を動かす有酸素運動</u>です。脳や表情筋も使うので，認知症予防にも効果的で，特に女性に人気です。

〈深める質問〉

している：どんな踊りをいつからしていますか？

してみたい：いつごろからダンス（踊り）をしてみたい（やめよう）と思われたのですか？

興味がある：ダンスのどのようなところ（音楽，衣装，振り付け，仲間）に興味を持ちましたか？

〈関連質問〉

運動：ダンス（踊り）を続けるために，鍛えたいところはどこですか？

参加：競技会や発表会にお仲間と参加してみたいと思われますか？

関係：ダンス（踊り）を通じたお友達は何人くらいいらっしゃいますか？

健康：ダンス（踊り）を再びする（し続ける）ために，どのような健康管理が必要だと思われますか？

第11節 楽しみ（応援する，賭ける）

No.39 野球・相撲観戦

観戦する対象は，野球や相撲とは限りません。サッカーやテニス，ゴルフ，バスケットボール，ボクシング，プロレスなどにも対象を広げ，観戦歴，観戦の仕方（試合会場，テレビ，ラジオ），観戦する仲間などを聴き取りましょう。

〈深める質問〉
- している：いつごろからそのスポーツ（選手，チーム）を応援していますか？
- してみたい：どのスポーツ（選手，チーム）をどこで（どのように）応援したいですか？
- 興味がある：どのスポーツの応援に興味があるのか，聞かせていただけますか？

〈関連質問〉
- 運動：どこでどのように観戦したいとお考えですか？
- 関係：一緒に観戦したい方はいらっしゃいますか？
- 友人：野球（相撲など）の話題で盛り上がれる友達は何人くらいいらっしゃいますか？
- 体調：野球（相撲など）観戦のために体調管理で不安なことはありませんか？

No.40 競馬・競輪・競艇・パチンコ

賭け事は，ドーパミンやアドレナリンが分泌されるため認知症予防に効果的とされていますが，一方で依存症を生むこともあります。慎重に聴き取りましょう。

〈深める質問〉
- している：いつから，どのくらいの頻度で，どの賭け事を楽しんでいますか？
- してみたい：いつまでに〇〇をよくして，どの賭け事をやってみたいですか？
- 興味がある：競馬（競輪など）に興味があるのはなぜですか？

〈関連質問〉
- 移動：競馬（競輪など）を楽しむために，どこまでご自分で行きたいですか？
- 楽しみ：〇〇さんにとって，賭け事の楽しみ（魅力）とは何ですか？
- 話題：賭け事の話題をどのような人とおしゃべりしたいですか？
- 健康：賭け事を続ける（またやる）ために健康にはどのように注意したいと思われますか？

第12節　仕事（楽しむ，稼ぐ）

No.41　編み物

　編み物には編み針と指編みの2種類があります。<u>完成形をイメージする，指先を使う，会話が弾む，達成感が得られる</u>などの作業療法的効果が期待できます。

〈深める質問〉

している：どのような編み物をしていますか？

してみたい：編み物を再開するなら，どのようようなものを編みたいとお考えですか？

興味がある：編み物のどのようなところに興味がおありですか？

〈関連質問〉

機能：編み物をするのに，不安に思うことはありますか？

関係：完成した編み物をプレゼントしたい方はいらっしゃいますか？

経験：これまでに編み物でどのようなものを作ったことがありますか？

生活：日常生活で使えそうなもので，どのようなものを編み物で作ってみたいですか？

No.42　針仕事

　針仕事（裁縫，手芸，パッチワークなど）も手先を使う作業です。生活歴や職業歴，趣味サークルやボランティアでの経験などを聴き取りましょう。

〈深める質問〉

している：どのような針仕事や手芸をしていますか？

してみたい：針仕事を再開するなら，どのようようなものを縫ってみたいとお考えですか？

興味がある：針仕事のどのようなところに興味がおありですか？

〈関連質問〉

機能：縫い物をするのに，不安に思うことはありますか？

家族：ご家族のために縫い物をされたことはありますか？

貢献：ボランティアで縫い物を手伝ってもらいたいと依頼があったら手伝っていただけますか？

楽しみ：針仕事の楽しみはどのようなところでしょうか？

No.43 畑仕事
（※農家，家庭菜園，ベランダ菜園，市民農園など）

　畑仕事は，収穫の達成感だけでなく，自然に触れることによる癒し，うつ症状予防，段取りを考えることによる認知症予防など，さまざまな効果があります。

〈深める質問〉

している：どれくらいの広さの畑で何を作ってきましたか？

してみたい：畑仕事を再開するなら，どのような作物を作ってみたいとお考えですか？

興味がある：畑仕事のどのようなところに興味がおありですか？

〈関連質問〉

機能：やりにくくなった動作はありますか？

関係：収穫した作物をお友達や近所の人に配ったことはおありですか？

参加：収穫した作物を道の駅や無人販売に出してみようと思ったことはおありですか？

体調：畑仕事をすると，体調にどのような影響がありますか？

No.44 賃金を伴う仕事
（※自営，シニアバイト，有償ボランティアなど）

　高齢者にとっての仕事は社会参加であり，認知症予防や介護予防効果が期待できます。自営業からシニアバイト，有償ボランティアなど具体的に聴き取ります。

〈深める質問〉

している：どのような仕事をどのくらいされていますか？

してみたい：どのような仕事（どのような働き方）ならやってみたいとお考えですか？

興味がある：どのような仕事に興味がおありですか？

〈関連質問〉

機能：仕事をするにあたり，不安に思うところはありますか？

職歴：以前はどのようなお仕事をされていらっしゃったのですか？

環境：どのような条件ならば〇〇の仕事をしてみたいと思われますか？

体調：〇〇の仕事をするにあたり，体調をどのように管理すればよいと思われますか？

参考資料

意欲・動機づけシート

(作成：高室成幸)

意欲・動機づけシート

作成日： 　年　月　日　　担当：

氏名		生年月日	年　月　日　　歳	性別		要介護度	

	文化的日常生活行為 (CADL)	している	していない	してみたい		文化的日常生活行為 (CADL)	している	していない	してみたい
1	家の掃除・整理整頓				32	□読書会　□読み聞かせ会			
2	料理づくり				33	創作（□俳句　□短歌　□川柳）			
3	買い物				34	創作（□詩　□小説　□川柳）			
4	家や庭の手入れ・世話				35	書（□書道　□習字）			
5	自転車・自動車の運転				36	語学（英会話など）			
6	孫・ひ孫の世話				37	資格（□国家資格　□民間資格）			
7	ペット（　　　）の世話				38	教養アップ（□検定　□通信教育）			
8	友達とおしゃべり				39	絵画（□絵を描く　□絵手紙など）			
9	友達と遊ぶ				40	パソコン・スマホ・タブレット			
10	家族・親戚との団らん				41	Eメール・SNS			
11	異性との交流				42	写真撮影			
12	ランチ・ディナーに行く				43	映画・観劇・演奏会・落語など			
13	ボランティア（□無償　□有償）				44	茶道・華道			
14	地域活動（町内会など）				45	歌唱（□合唱　□カラオケ）			
15	お参り（神社）				46	室内音楽を聴く			
16	宗教活動				47	コンサートに行く			
17	お墓参り・檀家				48	楽器の演奏（　　　　　）			
18	史跡巡り				49	将棋・囲碁・麻雀・ゲーム等			
19	美術鑑賞（美術館など）				50	体操・ヨガ・太極拳			
20	芸術鑑賞（博物館など）				51	ウォーキング（散歩など）			
21	名所めぐり （□水族館　□動物園　□植物園）				52	スポーツ（　　　　　） 　□ゴルフ　□水泳　□テニス　□スキー			
22	温泉・健康ランド				53	ダンス（□社交ダンス　□フラダンス）			
23	国内旅行（　　　　）				54	踊り（□盆踊り　□祭り）			
24	海外旅行（　　　　）				55	スポーツ観戦（　　　　）			
25	手芸				56	ギャンブル（　　　　）			
26	編み物				57	ジョギング			
27	家庭菜園				58	山登り・沢歩き			
28	園芸，ガーデニング				59	釣り（□川　□海　□渓流）			
29	クラフト				60	キャンプ			
30	プラモデル				61	投資（株・不動産・FXなど）			
31	DIY				62	お祭り（　　　　）			
	その他（　　　　）					その他（　　　　）			
	その他（　　　　）					その他（　　　　）			

※該当する項目に〇印を記入してください。　　※コピー可

第5章 プランニング

介護予防ケアプラン（介護予防サービス・支援計画書）の解説 96

第1節 プランニングのポイント 98

第2節 本人等（自助：セルフケア）のプランニング 100

第3節 家族・親族・インフォーマル資源のプランニング 102

第4節 介護保険（介護予防）サービス 104

第5節 地域支援事業（介護予防・日常生活支援総合事業） 106

第6節 生活支援コーディネーター（地域支え合い推進員）との連携 108

第7節 保険外サービス＆民間サービスの活用 110

介護予防ケアプラン
（介護予防サービス・支援計画書）の解説

●目標とする生活

| 1日 | アセスメント領域ごとに、本人・家族の改善の意欲と、そしてこれからの暮らしをどうしたいと思っているか（意向）を聴き取り、記載する。 |

（左注）本人にとってイメージをしやすい介護予防につながる1日の行動目標。

●支援計画

アセスメント領域と現在の状況	本人・家族の意欲・意向	領域における課題（背景・原因）	総合的課題	課題に対する目標と具体策の提案	具体策についての意向 本人・家族
運動・移動		□有 □無			
日常生活（家庭生活）		【課題】○○○○○○○○○○○○○○○○○○○○○○○○○○○○○○【背景・原因】○○○○○○○○○○○○○○○○○○○○			
社会参加・対人関係・コミュニケーション		□有 □無			
健康管理					

（注釈）

- 身体的な運動面（上肢・下肢など）と居室内・居室外での移動（自立歩行、杖歩行、自動車移動など）を記載。「行っていないこと」だけでなく「行っていること」も記載。
- 日常生活（ADL，IADL）で困っていること、工夫してやっていること、頑張ってやれていることを記載。
- 社会参加（町内会，地域サークル，近所付き合いなど），対人関係（家族，友人，知人），コミュニケーション（話す，聞く，書く，読む）の領域で困っていること，つらくなっていることを具体的に記載。
- 健康管理上、困っていること（膝痛，腰痛など）や体調不良の状況を記載。行っていること（服薬，体操，散歩，健康食品など）も記載。
- 領域ごとに課題の有無と課題（改善すべき点，予測できるリスク）を整理し，その背景・原因について記載する。
- 計画作成者から提案された具体策についての本人・家族の意向を記入。
  ①前向きに取り組む。
  ②とりあえず取り組む。
  ③やりたくない（下欄の「本来行うべき支援ができない場合」欄に記入し，将来的な取り組みとする）。
- 総合的課題の解決（改善）のための具体的な目標と具体策（取り組む内容）を「自助，互助，共助，公助」の領域を踏まえ提案する。
- 4つの領域の「課題」を優先化・重ね合わせ（共通化）を行う。
  ※課題設定は次の3つがポイント。
  ①課題を足し算化：「町内会の行事不参加＋歩行困難」のように課題を足し算で設定する。
  ②課題を総合化：2〜4領域の課題を含み，総合的に取り組む「大きな課題」を設定する。
  ※順位づけは、次の3つで設定する。
  ①生活行為に影響が大きいリスク（疾患治療，体調回復，心身のリハビリなど）
  ②動機づけ（本人のやる気）
  ③達成感・成功体験が得やすい

●健康状態について

□主治医意見書，生活機能評価等を踏まえた留意点

基本チェックリストの（該当した質問項目数）／（質問項目数）をお書きください。
地域支援事業の場合は必要なプログラムの枠内の数字に○印をつけてください。

	運動不足	栄養改善	口腔内ケア	閉じこもり予防	物忘れ予防	うつ予防
予防給付または地域支援事業						

（左注）基本チェックリストのリスクを数字化し，記載する。

【介護予防ケアプランのセルフチェックポイント】
次の4つの視点でセルフチェックする。
① アセスメントおよび課題整理総括表の改善の見込みと介護予防ケアプランが連動している。
② 課題と目標が連動しているか，整合性があるか，目標の達成が可能な支援内容となっているか。
③ 本人が動機づけられる目標や支援内容となっているか。
④ 目標が「評価」ができる表記，改善・向上の実感が得られる表記となっているか。

1年 ← 1年以内に「達成ができる目標」，1年間を通して「取り組む目標」「心がける目標」とする。

- 本人
- 家族・親族（家族・親族の誰か？）
- インフォーマル資源
- 介護保険サービス
- 地域支援事業

目標	支援計画			サービス種別	事業所	期間
	目標についての支援のポイント	本人等のセルフケアや家族の支援，インフォーマルサービス	介護保険サービスまたは地域支援事業			

合意された目標を設定する。次の3点がポイント。
① 主語は本人
② 具体的な表現
③ 総合的な課題と領域の課題を反映

目標を目指して介護予防サービスと総合事業が行うプログラムを記載する。
〈介護保険サービス〉
　通所リハビリ，訪問看護，訪問リハビリ，訪問入浴，短期入所，短期療養入所，居宅療養管理指導，福祉用具貸与・販売，特定施設
〈日常生活支援総合事業〉
　① 介護予防訪問介護
　② 介護予防通所介護

具体的な支援を展開する上での留意点を目標の数別に記載する。
① 主語はケアチーム
② 本人の疾病や体調，認知機能のレベルに配慮
③ 本人の尊厳を尊重した記載

目標に取り組むために三者が行うことを表記する。
① 本人のセルフケア
　本人が取り組む（ADL，IADL，社会参加，役割，楽しみなど）
② 家族（親族）の支援
　※電話での声かけ・服薬確認などを含む
③ インフォーマルサービス（ボランティア，地域など）
　集いの場や通いの場，地域サークルやボランティアなどの支援

【本来行うべき支援ができない場合】
妥当な支援の実施に向けた方針

総合的な方針：生活不活発病の改善・予防のポイント

計画に関する同意
上記計画について，同意いたします。
　〇〇〇〇年〇月〇日　　　氏名　〇〇〇〇　印

地域包括支援センター
【意見】
【確認印】

第1節 プランニングのポイント

　初回訪問のトータルアプローチで，介護予防ケアプランを開いて基本チェックリストと興味・関心チェックシートを使ってアセスメントを行い，プレ・プランニングまで行います。本章では，そのやり取りを整理し，本人が積極的に取り組む目標と支援のポイント，自助・互助および介護予防サービス・地域支援事業の支援内容と事業種別・事業所，支援期間をプランニングします。

プランニング1　トータルアプローチの整理

　初めに，トータルアプローチで得た情報を整理します。手元にトータルアプローチで使った3つのシートを用意しましょう。
- 本人（家族）とのやり取りをメモ書きした介護予防ケアプラン
- 本人が記入した基本チェックリスト
- 本人が記入した興味・関心チェックシート

　その場ではメモしきれなかった本人（家族）の主訴や思いを介護予防ケアプランに書き加えましょう。なじみの場所やなじみの人は<u>固有名詞で追記</u>します。<u>疑問点や気がかりな点，リスクと思える点などは赤字で追記</u>するとよいでしょう。記憶はすぐにあいまいになりがちですから，その日のうちに必ず行いましょう。

プランニング2　現状，4つの領域の課題リスク，総合的課題の再検討

　4つの領域ごとに現状で困っていることとできていること，それに対する本人（家族）の受け止め方と意思を整理し，4つの領域ごとの課題を背景・原因も含めて検討します。本人（家族）が気づいていない，このまま身心の機能低下が進んだ場合に生じる<u>新たな困り事やリスク</u>を予見し，総合的な課題に整理します。
　メモ書きした介護予防ケアプランにこれらを赤字で追記するプロセスで<u>多くの「気づき」と「ひらめき」</u>があるはずです。

プランニング3　本人（家族）の強さと意向，本人らしさ（個別性）の整理

　本人（家族）への目標の提案と受け止め方，これからの意向について整理します。どのような目標を設定すれば，本人が意欲的に取り組めるのか，家族や近隣住民などのインフォーマル資源を巻き込むことができるのかを検討します。目標の表記は，複数の領域の改善に関連する（紐づけられる）ように工夫します。

・近所の○○公園まで歩けるようになる
　→体調を管理して近所の○○公園の朝のラジオ体操サークルに参加をする

プランニング4　プレ・プランニングの整理と改善・向上のシミュレーション

　プランニングに当たって本人（家族）の困り事を探してばかりいると，困り事への対応を中心とした目標を設定してしまいがちです。困り事とは，これまでの生活習慣や体調管理，地域とのかかわりの「結果」です。「結果」の解決にしか目が行かなくなると，「どのような暮らしを取り戻したいのか」という視点があやふやになります。

　プランニングとは「未来志向」が必要です。3～6カ月先に「何をどのように改善・向上したいのか」を明確にする，どのようなリスクがあり，それをどのように防止するのかの視点がとても大切です。

　プレ・プランニングでのやり取りを思い出し，本人（家族）が語った言葉や表情から読み取れた「願い」を赤字で追記しましょう。

プランニング5　プランの見える化（文字化）

　プレ・プランニングでメモ書きした介護予防ケアプランに，本人とのやり取りで得られた情報や合意した目標・方向性に，専門職の見立てや手立てを赤字で追記したら，清書の作業に入ります。次の点を心がけましょう。

・本人（家族）やチームのが取り組めるよう具体的に表記する。
・箇条書きもしくは簡潔な文章にまとめる。
・できないことや困っていることだけでなく，できていることも明記する。
・本人らしさを尊重し（場所，店，建物，サークルなどは固有名詞）で明記する。
・頻度や分量，時間帯，距離などは数値を明記する。

第2節 本人等（自助：セルフケア）のプランニング

　介護予防は，本人の「自助力」をどれだけ引き出すかがポイントとなります。本人が心身の機能低下や生活習慣の乱れ，住環境のリスクを理解し，その改善とリスクの軽減に日々前向き（意欲的）に取り組むためには，「目指すこと」と本人のモチベーションが一致するように配慮した目標となるよう心がけます。

1 目標とする生活
（望む暮らし，過ごし方，楽しみ方など）

　「目指すこと」の基本は本人主体でなければなりません。基本チェックリストや興味・関心チェックシートを活用したやり取りを通じて得られた「望む暮らしぶり」（ADL，IADL）や「日々の過ごし方」（CADL：楽しみ，趣味，役割，仕事など）を含んだ目標を設定します。複数の心身の機能や生活習慣の改善，日々の過ごし方・楽しみ方，生活上のリスクの改善や注意を含んだ「目指すこと」をまず「目標とする生活（1日，1年）」欄に具体的に記載します。目標の数は1～3つ程度がよいでしょう。期間は「3～6カ月先」を目安とします。

2 取り組むこと（本人のセルフケア）

　本人に「どのようなことから取り組みますか？」といきなり尋ねる前に，「何ができているのか」「何ができていないのか」「何がつらくなっているか」「何ならやってみたいと思えるのか」をやり取りの中から明らかにし，どのようなことなら前向きに取り組めるのかを表記します。
- 向上：できていることをレベルアップする
- 再開：やらなくなった（やれなくなった）ことを再び始める
- 改善：できていないことをできるように取り組む
- 継続：やれていることを引き続き行う

　これらのやり取りを通じて，本人が「達成する目標（暮らしぶり）」を具体的にイメージできるように働きかけます。また，「目の前の目標」が達成したら「次の目標」に取り組む意欲が出てくるように，「目標の細分化」を行いましょう。

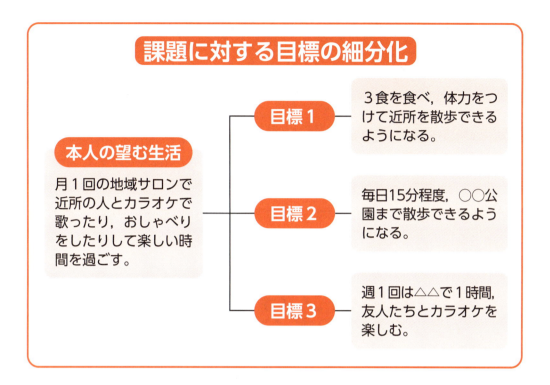

　目標を設定する際は、「この目標が達成できたら、次は○○を取り組みましょう」と次なる目標を意識づける声かけを行い、メモ書きした付箋などを貼っておくのもよいでしょう。

③ 個別サービス計画書が「本人の自助支援」となっているかがポイント

　本人がセルフケアで自助に取り組もうとしていても、それが個別サービス計画書などを通じてサービス事業所の現場スタッフに伝わっていなければ、本人の取り組みを阻害しかねません。
　「本人の自助支援」に着目した個別サービス計画書になっているかを確認し、必要であればどのような点に留意したサービスを提供してもらいたいのかを「支援のポイント」欄に記載しましょう。サービス担当者会議で話し合うことも大切です。

④ 注意すべき点

　要支援者は何らかのリスクを抱えています。目指す暮らしへの取り組みであっても、リスクを軽視すると家庭内事故などを招く恐れがあります。必要に応じてリスク予測と留意点も介護予防ケアプランに記載し、意識できるようにしましょう。

第3節 家族・親族・インフォーマル資源のプランニング

本人が自立への取り組みを続けていくためには，**周囲（家族，親族，地域の人）のかかわり方（協力）** がポイントとなります。具体的には，身体面での支え（手伝う，協力する，介助する，声かけをする，見守りをするなど）や生活面での支え（買い物，掃除，料理，ごみ出しなど）と共に，精神面での支え（励ます，褒める，認める，評価するなど）が本人の自立支援への意識（自助意識）を促すことになります。

1 家族・親族・インフォーマルサービスのプランニングのポイント

家族の支援を想定しても，配偶者が虚弱，要支援・要介護状態である，子どもが他県に住んでいるなどの事情を抱えていることもあります。一方，きょうだいやいとこ，甥・姪などが支え手になってもらえるかもしれません。地域のインフォーマル資源も，町内会から地域のボランティアまでさまざまなものがあります。声かけや散歩の同伴などの直接的なかかわり方からICTや通信機器などを使った間接的なかかわり方まで多様な方法で工夫しましょう。

2 家族の支援

本人の「できないこと」「困っていること」「やっていること」を整理した上で，家族の「誰が」「何を」「どのように」サポートできるかを聴き取り，言葉にします。家族は「何をやればよいのか分からない」ことも多いので，支援を話し合う時は「あるご家族は○○の時にご一緒に散歩されています」「電話で朝夕声かけをされています」と具体的なエピソードを示すのも参考になるでしょう。

一方，家族は何でもやってあげてしまう傾向にあるので，自立支援の趣旨を十分に伝え，「見守る」ことの大切さと危険回避のための「**手を出すタイミング**」について話し合っておくことが重要です。

遠く離れて生活している子どもであっても，できる支援はあります。確認や励ましの電話をする，SNSでコミュニケーションを取る，ネット通販を利用して買い物を代行するなど具体例を示すのもよいでしょう。

3　親族の支援

「子どもたちは遠くに住んでいるのでアテにならない」「未婚で子どもはおらず一人暮らし」という人でも，親族まで視野を広げると「近くにきょうだいやいとこがいる」「甥（姪）がいる」ということがあります。本人が元気だったころの親戚付き合いなどについて話題を広げ，支援者として協力してもらえることや親戚同士の行事などを聴き取り，支援内容や目標に盛り込みましょう。

4　インフォーマルサービス
（近隣，地域，集い場，通い場，ボランティアなど）

本人が暮らす住み慣れた地域のインフォーマルサービスは，本人の暮らしの支え手にもなります。次の4つの資源がどのように活動し，どのような支え手となってもらえるか聴き取りましょう。

1）近所・近隣付き合い

町内会や自治会などの諸々の分担（回覧板，ごみ集積所の清掃，お祭りなどの恒例行事）をする中で，朝夕のあいさつや見守り，声かけの協力を依頼できるかどうかを聴き取ります。

2）集いの場（地域の共通の友人・知人たち）

地域の集いの場には親しい者同士のしゃべり場からペット仲間などの集まりまであります。開催頻度は週1～月1回，年数回程度まで，さまざまです。場所も自宅や公民館，喫茶店，居酒屋といろいろです。集いの場への参加を目標にしたりメンバーに声かけを依頼できるかどうかを聴き取ります。

3）通いの場（趣味のサークルや定期的な集まりなど）

公民館や市民センターなどで開かれる趣味サークルなどの「通いの場」に参加できることを目標とし，メンバーには声かけや協力などを依頼できるかどうかを聴き取ります。

4）老人会，地域のボランティア仲間など

地域のボランティア仲間や地域の団体（老人会など）の仲間からの励ましや声かけなどが依頼できるかどうかを聴き取ります。

第4節 介護保険(介護予防)サービス

要支援1・2の人の自立(自律)支援を目指し,介護および医療・看護・リハビリテーションの専門職が介護予防サービスを提供します。

1 介護予防サービスの考え方

アセスメントによって得られたADL,IADL,CADLの情報と共に,本人のこだわりや好み,価値観,体調,性格などを総合的に判断して,介護予防サービスとしてどのような支援を行えば要支援1・2からの卒業を目指せるか,再び要介護状態とならないようにできるかをシミュレーションし,介護予防サービスを組み立てましょう。プランニングにおいては,改善や向上だけでなく,低下・悪化を防ぐ(維持する)視点もとても重要です。

2 サービスの内容と種類

介護予防サービスには,「訪問系」「通所系」「入所系」「貸与・販売系他」の4種類があります。

訪問系:介護予防訪問看護,介護予防訪問リハビリテーション,介護予防訪問入浴介護,介護予防居宅療養管理指導

通所系:介護予防通所リハビリテーション,介護予防認知症対応型通所介護

入所系:介護予防短期入所療養介護,介護予防短期入所生活介護,介護予防特定施設入居者生活介護,介護予防認知症対応型共同生活介護(グループホーム)

貸与・販売系他:介護予防福祉用具貸与,特定介護予防福祉用具販売,介護予防住宅改修,介護予防小規模多機能型居宅介護

これらの介護予防サービスにおいて,特別加算の有無にかかわらず次の6つの視点で個別サービス計画書が作られ,本人らしさ(個別性,動機づけ)を尊重したサービスが提供されてこそ,本来の自立(自律)支援に資する介護予防サービスが可能となります。

・運動器の機能向上:体操やリハビリテーションと,日常生活で行う機能訓練の

実施など
- 栄養改善：食習慣と食生活の見直し・改善，調理技術の向上などを行えるようになるための個別プログラムの立案と提案，アドバイスなど
- 口腔機能の向上：噛む・飲み込む，言葉を発する，表情を豊かにするなど日常生活やケア提供時に行えるリハビリテーションの提案
- 生活行為の向上：ADL（移動，食事，排泄，入浴など）やIADL（調理，掃除など）を改善・向上させるために，生活リハビリテーションの提供と日常生活で行える改善・向上の提案，アドバイスなど
- 認知機能の向上：考える，判断する，覚える，話すなどを積極的に取り入れたプログラムの実施と日常生活で行えるプログラムの提案，アドバイスなど
- 生活意欲の向上：課題の改善と目標に向けて本人が自発的，積極的，前向きに取り組めるように，意識・意思の向上が継続するようなモチベーション維持のためのかかわりなど

3 事業所の選定

本人の希望とサービス事業所のマッチングはとても大切なポイントです。トータルアプローチの段階で本人と合意できた「目標」と「具体策」，そして「リスク目標」と「達成目標」に対応できる事業所のレベルであるかどうかが重要になってきます。あらかじめ，サービス事業者からサービスの提供内容や事業所評価加算の実績などを聴き取っておきましょう。

〈事業所選びの視点〉
- 本人の希望に応じた生活機能や運動機能の改善が可能か
- 本人の望むレベルに改善できるサービスの提供が可能か
- 本人の望む利用時間に対応可能か（午前中のみのショートデイなど）

4 サービス期間の設定

サービス期間は次の3つの視点が重要です。ただし，本人の意欲や家族の協力によって期間が短縮したり，体調の悪化で期間が延びたりすることもあります。
「改善」を目標：機能の低下・悪化が予測されるため，「良くなること」を目指す
「向上」を目標：できていることが「さらにできるようになる」ことを目指す
「維持」を目標：行えている生活行為機能が「継続できる」ことを目指す

第5節 地域支援事業
（介護予防・日常生活支援総合事業）

　地域支援事業の対象者は，要支援1・2で介護予防サービスを利用しない人，要介護認定で非該当（自立）と判定された人，基本チェックリストによる判定で要介護リスクが高いと判定された人たちです。これらのハイリスクの高齢者には，住み慣れた地域の支え合いを含めた支援の仕組みで対応します。

1 地域支援事業の考え方

　地域支援事業は，自治体が日常生活圏域などの地域特性やそれぞれの実情に応じて支援内容を判断します。具体的には，緩和した基準によるサービス，地域の住民による支え合いの仕組みで提供するサービス，保健・医療などの専門職による短期集中型のサービスです。また，一般介護予防事業や市町村の独自の施策，民間企業で提供される生活支援サービスも含まれます。

　そしてポイントは，本人が地域の中で生きがいや役割を持って参加できる集いの場・通いの場などを地域資源として位置づけ，生活支援コーディネーター（地域支え合い推進員）と連携して取り組むことです。

2 サービスの内容と種類

　地域支援事業には，訪問型サービス，通所型サービス，その他の生活支援サービスの3つがあります。本人の心身の状況やこだわり・個性，生活圏域の事情（支え合い活動が活発，中山間地で移動困難など）に応じてプランニングします。

〈訪問型サービス〉
- 訪問型サービスA：緩和した基準による訪問介護サービス（調理，掃除，ごみの分別やごみ出し，重い物の買い物代行・同行など）
- 訪問型サービスB：住民ボランティア主体で行う生活援助（布団干し，階段の掃除，買い物代行，調理，ごみ出し，電球の交換，代筆など）
- 訪問型サービスC：保健・医療の専門職による短期集中型の予防サービス
- 訪問型サービスD：住民ボランティアによる外出時の移送前後の補助

〈地域支援事業〉	〈サービスの内容〉	
A 基準緩和型サービス	緩和した基準の訪問介護サービス 緩和した基準のデイサービス	**生活支援サービス** ・配食サービス ・安否確認 ・見守り活動 など
B 地域の支え合い型サービス	住民ボランティアによる生活援助 住民ボランティアによる通いの場	＋
C 短期集中型サービス	保健・医療の専門職による短期集中型	

〈通所型サービス〉

- 通所型サービスA：緩和した基準による通所介護サービス（閉じこもり予防，ミニデイサービス，アクティビティ，レクリエーションなど）
- 通所型サービスB：住民ボランティア主体で行う通い場（体操，運動などの活動，趣味活動，定期的な交流会，サロン，会食など）
- 通所型サービスC：保健・医療の専門職による短期集中型のデイサービス（公民館で運動器の機能向上や栄養改善のプログラムを3〜6カ月で行うなど）

〈その他の生活支援サービス〉

外出や調理が困難な高齢者に，栄養改善のための配食サービスや住民ボランティアなどが行う安否確認，見守り活動など

3 事業所の選定と連携

事業所選定は，どれだけ本人らしさや本人の生活意欲の改善に寄り添い，積極的に取組めるプログラムを提供できるかがポイントになります。「できるかどうか」で判断するのではなく，本人と地域の実情に合ったサービスを「ともに作っていく」という開発・育成の視点を持って支援していきます。

〈事業所選びの視点〉

- 訪問型A：本人の生活意欲を引き出す「共に行う」支援が可能か
- 訪問型B：本人の困り事にどれだけ臨機応変に細かい支援が可能か
- 通所型A・B：楽しい，ワクワク，夢中になれるアクティビティやレクリエーション，しゃべり場のプログラムの提供が可能か
- 通所型C：短期間で改善・向上するプログラムの提供が可能か

第6節 生活支援コーディネーター（地域支え合い推進員）との連携

　地域のインフォーマルサービスや地域の生活支援サービス，ボランティア活動などを組み込むにあたり，日常生活圏域に配置されている生活支援コーディネーター（地域支え合い推進員）と連携することでより実践的な対応が可能となります。

生活支援コーディネーター（地域支え合い推進員）の役割

　生活支援コーディネーターは「地域支え合い推進員」とも呼ばれ，地域包括支援センターおよび社会福祉協議会などに1～3人が配置されています。地域包括ケアシステムにおける地域での支え合い活動の領域を主に担います。第1層協議体（市町村レベル），第2層協議体（日常生活圏域），第3層協議体（地区，町内会）ごとに支え合いの仕組みづくりとコーディネート役として活動します。

　その対象は，地域の一人暮らしの高齢者や，買い物・移動・ごみ出しなど日々の暮らしが困難な高齢者などで，地域の元気な高齢者やボランティアにつなぐことで「新しい地域の支え合いの仕組み」をつくることを目指します。

1）地域に不足している支え合い活動や地域のサービスの発見，開発，育成

　地域住民の自主的な集いの場・通いの場，高齢者に向けたサービスを発掘・開発すると共に，新たな担い手を育成します。

2）社会資源と地域資源（地域の力）のネットワーク化

　行政，専門機関，介護・福祉事業者，地域住民（本人含む）などとの関係づくりや，支え手・担い手の掘り起こし，支え手・担い手のマッチングなどを行います。

3）高齢者のニーズと地域資源（地域の力）・多様な取り組みのマッチング

　日常生活圏域や地区・町内会での高齢者のニーズと，地域の支え合いの取り組みや介護予防サービス，介護保険サービスとのマッチングなどを行います。

活動1　集いの場を見つける・つくる

　地域には，住民が自主的に行っている「集いの場」があります。町内会の枠を越え，趣味が同じなど気の合う住民同士が不定期に自宅や公民館，喫茶店などに集まっています。複数の集いの場に参加している住民もいるでしょう。要支援高齢者への動機づけと心の支え手，また生活支援の担い手として「集いの場」を位置づける上で，生活支援コーディネーターと連携して情報を入手します。

活動2　通いの場をつくる，見つける，つなぐ，広げる

　地域の「通いの場」には，公民館や市民センターで行われている定期的な趣味サークル（陶芸などの創作系，俳句・短歌などの文芸系，演奏や合唱などの音楽系，ダンスや体操などの健康系，囲碁・将棋などの娯楽系など）や共通のテーマ（地域のしゃべり場，認知症カフェ，男の料理教室，シニア食堂など）で集まる通いの場があります。

　本人のこだわりや興味・関心，希望などをかなえる通いの場がどの地域でどのような活動をしているかを生活支援コーディネーターから入手し，つなげるための協力を依頼しましょう。

活動3　第1層・第2層・第3層協議体への情報提供，提案など

　地域の支え合い活動を「面で支援」していくために，3層の協議体が設置されています。顔ぶれは，社会福祉協議会，地域包括支援センター，町内会，民生委員，NPO団体，ボランティア団体，民間企業などで，協力や依頼をするだけでなく介護予防ケアマネジメントで得られた地域課題などの情報提供，また仕組みや資源への提案などを行うことで，より「網の目の支え合い」が可能となります。

第1層：市町村レベルの協議体
第2層：日常生活圏域レベル（中学校区）の協議体
第3層：地区・町内会・小学校区レベルの協議体

第7節 保険外サービス＆民間サービスの活用

　本人の自立（自律）は，介護予防サービスや地域支援事業，家族や地域の互助だけで可能となるわけではありません。希望どおりに依頼できる保険外サービスや柔軟性のある民間サービスの方がニーズに対応でき，本人の前向きな意思を引き出すこともあります。

1　保険外サービスと民間サービス活用の視点とプラン上の位置づけ

　要支援状態となった時に「また温泉に行きたい」という希望があっても，旅行や外出の付き添いサービスは事故などのリスクが高い上に，介護予防サービスや地域支援事業では対応できません。しかし，柔軟性のある保険外サービスや民間サービスを使いこなし，本人の希望が実現できるのであれば，それを目指してリハビリテーションや生活習慣の改善に前向きに取り組むことができます。

　介護予防ケアプランにサービス種別と事業所を表記することは，チーム全体で共有する意味でも大切です。スペースの制約で表記できない時は，サービス担当者会議などの際に口頭で伝えましょう。

　介護予防ケアマネジメントのプロセスや地域ケア個別会議，自立支援会議で浮き彫りになった地域の高齢者のニーズを，保険外サービスや民間サービスを担う事業者にフィードバックすることで，<u>柔軟でより使い勝手の良いサービス</u>」が地域での自立（自律）した高齢者の暮らしをサポートすることになります。

2　保険外サービスを組み込む

　保険外サービスには，介護予防サービス事業者が別枠の自費サービスとして提供しているものと，介護予防サービス事業者の指定は受けていないが類似のサービスを提供しているものがあります。これまで利用していたサービスの再利用や枠外のサービス利用もあれば，トータルアプローチの際に情報提供して利用を検討したい場合の2通りがあります。

　介護予防ケアプランはあくまで「原案」ですから，まずは本人が前向きに取り

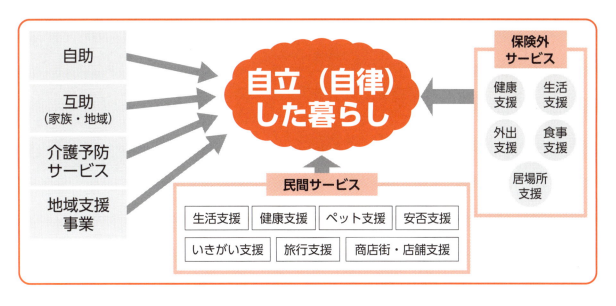

組める，本人が抵抗なく利用できるなどを考慮して組み込みましょう。

〈保険外サービス〉

- 健康支援：フィットネス，マッサージ，健康体操など
- 生活支援：家事援助（料理，掃除，買い物，ごみ出しなど）サービスなど
- 外出支援：病院付き添い，外食付き添い，旅行付き添い，介護タクシーなど
- 食事支援：配食サービス，高齢者向け宅配弁当など
- 居場所支援：集いの場，通いの場，認知症カフェ，家族介護教室など

3 民間サービスを組み込む

　民間サービスとは，一般の店舗やスーパーなどで提供されている私的なサービスです。公的サービスには利用者や利用内容に制限がありますが，民間サービスにはそのような制限はありません。費用負担額に応じてサービスを充実させることが可能ですから，使い勝手の良いサービス資源と言えるでしょう。

〈民間サービス〉

- 生活支援：スーパーの宅配サービス・買い物代行，資源ごみ回収など
- 健康支援：歩数計アプリ，健康管理アプリ，フィットネスジムなど
- ペット支援：ペットの食事・排泄，散歩，遊び相手，グルーミングなど
- 安否確認：緊急コール，GPS機能付き発信機，防犯対策など
- いきがい支援：カルチャーセンター，各種スクールなど
- 旅行支援：国内・海外旅行の付き添いサービス（日本トラベルヘルパー協会）など
- 商店街・店舗支援：無料送迎バスの運行，年金支給日のバーゲンやクーポンの発行

第6章
サービス担当者会議

第1節 サービス担当者会議の進め方 ……………………………………………………114

第2節 プレゼンテーションのポイント ……………………………………………………116

第3節 本人（家族）を動機づける ……………………………………………………118

第1節 サービス担当者会議の進め方

　サービス担当者会議は，原則として介護予防ケアプランの作成時と変更時に開きます。トータルアプローチで入手したアセスメント情報とプレ・プランニングにより作成した介護予防ケアプラン（原案）を話し合う場です。

1 サービス担当者会議の目的

　サービス担当者会議は次の4つの目的で行います。
①本人（家族）の4つの領域における現状と課題を共通理解する。
②本人の課題と生活機能の改善・向上の目標，支援方針，支援計画を話し合う。
③地域の介護予防サービスやインフォーマルサポートなどについて情報を共有し，役割を理解する。
④サービス提供事業所の分担と役割を共通理解する。

2 サービス担当者会議の開き方と進め方

1）参加者を調整する

　サービス担当者会議の参加者は，本人，家族，サービス提供事業所，主治医，地域のインフォーマル資源などです。主治医の参加が難しい場合は，事前に照会などによる申し送りなどをもらっておきます。また，近隣住民など地域の支え手に参加してもらう場合は，本人（家族）に了解を得ておきます。プライバシーに配慮し，「地域の見守り」など関連する内容の時のみ参加してもらう方法でもよいでしょう。

2）開催場所を決める

　開催場所は自宅が基本ですが，主治医が参加しやすい病院・診療所・サービス提供事業所の会議室，地域包括支援センターなどでもよいでしょう。

3）資料の準備

・利用者基本情報　　・介護予防サービス計画書（介護予防ケアプラン）の原案

・記入済みの基本チェックリスト　・記入済みの興味・関心チェックシート
・主治医の意見書　・課題整理総括表　など

4）会議の進め方

　会議時間は30〜50分を予定します。次の流れで効率良く進めましょう。

①会議の開始（1〜3分）

　定刻にスタートします。レジュメで全体の流れを説明し，欠席や遅刻・早退する人がいればあらかじめ事情を冒頭に伝えておきます。

②利用者基本情報の説明（3〜5分）

　要支援となった経緯（要介護からの区分変更含む），今までの生活，一日のすごし方，家族構成，住環境，既往歴などを説明します。

③アセスメントとリスクの説明（10〜15分）

　介護予防ケアプランを使ってアセスメントから導き出された現在の状況とリスクを説明します。本人からも「どのようなことがつらくなっているか」を説明してもらいます。次に，どのような課題に取り組むことでリスクが回避され，心身の機能と生活機能の改善が見込めるかを説明します。

④取り組む目標と支援内容の説明（5〜10分）

　介護予防ケアプランを使って基本チェックリストや興味・関心チェックシートから導き出された本人の希望や意欲を基に，どのような支援方針でどのような目標を目指すのか，本人（自助），家族・地域（互助），介護予防サービス・地域支援事業（共助）が具体的に取り組む内容と期間を提案します。

⑤目標と支援内容についての協議（10〜20分）

　取り組む目標や支援のポイント，本人が何に取り組めるか，家族・地域で支援できること，介護予防サービス・地域支援事業で取り組む内容などについて話し合い，修正・変更などを行います。

　進行のポイントは，本人の「自助への意欲」をどれだけ引き出せるかです。本人が現在の心身の機能や生活習慣，住環境のリスクを理解し，心身機能の改善とリスクの軽減に前向きに取り組むために，「目標（目指すこと）」が本人のモチベーションを動機づけるよう進行に配慮しましょう。

5）会議の記録

　参加者と検討内容，結論（変更点含む），サービス提供上の留意点などを「介護予防支援経過記録」に記載します。

第2節 プレゼンテーションのポイント

　サービス担当者会議が活発な話し合いになるためには，本人や家族に「**分かりやすい言葉**」でやりとりすることが必須です。発言や質問の際には，介護や医療などの専門用語や業界用語は控え，本人や家族にとっても「分かりやすい表現」をするように会議の冒頭で伝えましょう。

　なお，介護予防ケアプランの説明には時間がかかります。サービス担当者会議が始まる前に30分程度時間をとり，本人と家族にはより丁寧な説明をしておくと，会議をスムーズに進めることができます。

1　分かりやすい表現

　サービス担当者会議が「分かりやすいかどうか」を判断するのは，本人・家族です。分かりやすい表現をする第一として，介護・医療・看護・栄養・薬などの専門用語を使う場合は，必ず用語の説明をしましょう。また，身近な表現や使い慣れている用語に言い換える（「更衣」→「着替え」など）こともよいでしょう。

　日常会話でよく使う副詞（特に，ちょっと，たびたびなど）は，あいまいで具体性がなく，誤解が生まれやすいため，とりわけ注意が必要です。**数値化**してもらうと，具体的で分かりやすくなります。

　話の内容をイメージできないと，本人・家族はどのようにすればよいのかが分かりません。介助の動作や福祉用具や自助具を見てもらう，写真や動画を見てもらうなどの「**見える化**」を心がけましょう。

〈専門用語の言い換え〉
- 飲水（いんすい）→水を飲む
- 補食（ほしょく）→補助食
- 嚥下（えんげ）→飲み込み
- 傾眠（けいみん）→うとうと
- 座位（ざい）→座った姿勢
- 仰臥位（ぎょうがい）→あお向け
- 円背（えんぱい）→猫背
- 居室（きょしつ）→部屋
- 伸展する（しんてん）→伸ばす
- 屈曲する（くっきょく）→曲げる
- 塗布する（とふ）→塗る
- 口角（こうかく）→口の端

〈医療用語の言い換え〉
- 頸部（けいぶ）→首
- 心窩部（しんかぶ）→みぞおち
- 口腔（こうくう）→口内
- 熱発（ねっぱつ）→熱が出る
- 口渇（こうかつ）→口の渇き
- 嘔気（おうき）→吐き気
- 疼痛（とうつう）→痛み
- 浮腫（ふしゅ）→むくみ

〈数値化・具体化〉
- 「朝は何があるか分からないので特に注意してください」→「起床後の30分間は体調変化が起こりやすいので，ベッドでゆっくりと身体を動かしてください」
- 「喉が渇いたらちょっと飲んでください」→「喉が渇いたら，100ccほど（コップ1杯ほど）飲みましょう」
- 「便の色に注意してください」→「便の色が赤や黒，白っぽくないかを注意して見てください」

2 聞き取りやすい話し方

　聞き取りやすく話すことは「分かりやすい説明」には必須の条件です。いくら思いを込めて話しても，小さいしゃがれた声だったり，主語がよく分からないダラダラした話し方だったりしては，聞き手の心をつかむことはできません。話し方には本人（家族）を動機づける力があるからです。

1）大きめの明るい声でゆっくり話す

　時間を気にすると早口になりがちです。すべてを読み上げる必要はなく，ポイントとなるところを中心に，大きめの明るい声でゆっくり読み上げましょう。自分の話すスピードが分からなければ，一度録音して聞いてみることをお勧めします。

2）はっきりと主語を言う

　主語が（誰がやることなのか）が分からないと，聞き手はとてもつらいものです。本人，家族，近隣住民，サービス事業所など，誰に何をやってもらいたいのかをはっきり話します。

3）接続助詞はあまり使わない

　接続助詞（〜なので，〜ですが，〜とすると，〜の場合はなど）を使って話すと，ダラダラと長くなりがちです。一文は短めにして，終わりは「〜です」と言い切り，接続詞（ですから，しかし，ではなど）で付け加えていきます。

4）結論から話す

　伝えたい結論（課題，目標）を述べてから理由・根拠などを説明しましょう。

第3節 本人（家族）を動機づける

　サービス担当者会議の大きな目的は，本人（家族）の自立支援への思いを理解し，不安などからあきらめがちだったりする本人の自助力を引き出し，これからの暮らし方とかかわりに悩みを抱えている家族に前向きに取り組んでもらうことです。本人と家族を動機づけるサービス担当者会議を目指しましょう。

1　示唆的な問いかけで「気づき」を促す

　介護予防のアセスメントでは，リスクを発見するために本人が困っていること・できないことを聴き取り，その原因がどこにあるのか（心身の機能，心理状態，住環境など）を専門的視点から分析・指摘します。ここでのポイントは，本人がその原因を指摘されてもすべてに納得するわけではないということです。指摘だけでなく**示唆的な問い**かけを行うことで本人なりに考え，「気づき」が生まれることを目指します。

> - 「高血圧の薬を飲み忘れると，どのような病気のリスクが出てくると思われますか？」
> - 「趣味の○○を再開するためには，身体のどこの機能を特に頑張って良くしないといけないと思われますか？」
> - 「○○にお出かけするのがつらくなってしまったのは，どうしてだと思われますか？」
> - 「この夏，熱中症にならないためには，どのようなことに注意して生活するのがよいと考えますか？」

　回答は**肯定的な相づちで受け止め**，次に「ではどうすればよいか，皆さんで一緒に話し合いたいと思います」とつなげましょう。

2　示唆的な問いかけで「意欲」を促す

　本人の意欲を引き出そうとして一方的に「頑張りましょう」「やってみましょうよ」と言葉をかけても，必ず心に響くというものではありません。本人の意欲

の種は「本人の中にある」からです。トータルアプローチの時に興味・関心チェックシートを使って，本人なりの「したいこと」「興味があること」を引き出しておけば，サービス担当者会議の場で示唆的な問いかけを行うことで意欲を引き出しやすく，どのように叶えることができるかを話し合いましょう。

> ・「もし○○の痛みが楽になったら，△△をどなたとやってみたいですか？」
> ・「半年後，○○をお孫さんとやるには，何を改善すればよいでしょう？」
> ・「○○に興味があると記入されてますが，身体がどれくらいよくなればできそうですか？」

ちょっと大げさなリアクションで，「それができるといいですねぇ」「どうやればできるか考えましょう」と応え，ケアチームの話し合いにつなげましょう。

3 示唆的な問いかけで「自己決定（意思決定）」を促す

　本人が意欲的になったとしても，それがそのまま行動に結び付くわけではありません。本人の中にある加齢や病気の進行への不安，転倒などの家庭内事故，外出時などの緊急時の対応への心配などが「自己決定」を鈍らすことがあります。

　「思い」「希望」と「判断」「行動」は，いつも一致しているわけではありません。そこを焦ったり高めの目標を目指したくなったりするのは，支援者側の一方的な思いであることがあります。自己決定に躊躇している本人に「このままでは○○になってしまいます」とリスクばかりを指摘するのは，本人にとっては否定的な印象を与えるばかりです。

　本人の自己決定（意思決定）を導くために示唆的問いかけをしましょう。

> ・「○○の目標と△△の目標なら，どちらを頑張ってみたいと思われますか？」
> ・「ご自分なりにどのような目標（こと）なら楽しく頑張れそうですか？」
> ・「6カ月後に○○となるために，1日でどのようなことを頑張れそうですか？」

　少し自信のない後ろ向きな回答が返ってきたら，その理由を聴き取り，目標・支援内容・期間・役割について「どのようにすればよいか」を話し合い，修正しましょう。

第7章

モニタリング

第1節 モニタリングのポイント 122

第2節 介護予防サービス・支援の評価 126

第3節 介護予防ケアマネジメントの引き継ぎ（非該当・要介護）
　　　 における3つの情報提供 128

第1節 モニタリングのポイント

　モニタリングは，少なくとも3カ月に1回利用者宅を訪問し利用者に面接して行うか，少なくとも1カ月に1回訪問あるいは電話などで行い，モニタリング結果を記録に残します。サービス担当者会議を支援プロセスの「出発点」とするならば，モニタリングは「中間地点」と言えます。

　モニタリングは介護予防ケアマネジメントを評価するだけではありません。利用者への再アセスメントの場であり，モチベーションを継続させる場（動機づける場）でもあります。

1 モニタリングの「4つの心得」

　介護予防ケアマネジメントの頻度は利用者の状態によって異なります。電話でのモニタリングであっても，「声が弱々しい」「体調が悪そう」など気になることがあったら，訪問によるモニタリングを行いましょう。

　モニタリングは，インテーク時に書いてもらった次の資料を用意して行います。

- 介護予防ケアプラン
- 利用者基本情報シート
- 基本チェックリスト
- 興味・関心チェックシート

1）利用者の生活状況や生活機能，生活習慣に変化はないか

　要支援の状態であっても「特に変化がない」ということは，改善されていないということです。利用者の生活機能や身体機能は，季節の変化（気温など）や家庭内での事故（転倒など）や病気の進行などにより，低下の「リスク」にさらされています。困っていることだけでなく改善されたことにも着目しましょう。

　手元に以前記入してもらった基本チェックリストや興味・関心チェックシートを準備して，聴き取ります。

> ・「ここ1カ月の暮らしの様子を聞かせていただけますか？」
> ・「その中で楽になってきた（改善された）ことはどのようなことですか？」
> ・「その中でつらくなってきた（困っていること）はどのようなことですか？」

2）自助（セルフケア）と家族支援，インフォーマル支援は実行されているか

　介護予防で大切なのは，自助や家族支援，インフォーマル支援がどのように取り組まれているかです。サービス担当者会議の場で合意した「自分で行うこと」や家族支援，インフォーマル支援について，具体的にどのように取り組めているかを聴き取ります。数カ月も経過すると，忘れてしまっていることもありますので，「実行しているかどうか」だけでなく，「どのように取り組んでいるか」を確認することが大切です。合意した自助や家族支援の内容を質問に盛り込みましょう。

- 「ご自分で○○はどのようにされて（取り組まれて）いますか？」
- 「ご家族は○○をどのようにやっていらっしゃいますか？」
- 「ご近所の○○の集いの場には，週何回ほど出かけていらっしゃいますか？」

3）介護予防サービスなどの支援内容と役割分担，満足度はどうか

　利用している介護予防サービスや行政サービス，生活支援サービス，家族やインフォーマル支援への**「満足度」**は，自立（自律）支援への意識づくりと取り組みの継続性に大きく影響します。利用している各種サービスやインフォーマル支援などが心身の機能改善や生活機能改善に資するような内容になっているか，また役割分担が適切かどうかを確認しましょう。

- 「要支援になられて○カ月が経過しましたが，介護予防サービスの○○を利用されていて満足していらっしゃいますか？」
- 「介護予防サービスや生活支援サービスに何か希望されることはありますか？」

4）新しい課題が生じていないか

　身体機能や体調が改善して生活機能も改善すると，本人の望む生活も具体的になり，**「取り戻したい暮らしぶり」**が現実的になります。一方，機能が低下することで新たな困り事やおっくうな事柄が増えると，**「改善したい暮らしぶり」**が浮き彫りになります。モニタリングの時には，このような「新たな課題」が生じていないかを聴き取りましょう。

- 「○○ができるようになったということですが，次にどのようなことができるようになればよいとお考えですか？」
- 「○○がつらくて△△はやらなくなったということですが，もう一度△△をやれるようになりたいと思われますか？」

2 モニタリングで行う本人・家族への動機づけ（モチベーションアップ）

　いくらサービス担当者会議で合意したといっても，自助（セルフケア）をやり続けることは，本人にとっては面倒だったりおっくうだったりします。家族や周囲も専門職からの**「動機づけ」**がなければ，継続することは難しいかもしれません。モニタリングを現状把握や評価をするだけと考えるのでなく，<u>専門職が相談援助技術を活用して本人や家族を動機づけるためのもの</u>と考えることが，これからの自立（自律）支援には重要です。

　動機づけは，次の4つを基本とします。

- 明るい声
- 応援する言葉がけ
- 話したくなる質問
- 元気が出るリアクション

そして，次の6つの手法を活用しましょう。

1）語ってもらう

　まずは頑張ったことやつらいことを語ってもらいましょう。語りながら本人の中に振り返りと「気づき」が生まれ，<u>共感や承認のフィードバック</u>がもらえることで本人は自己肯定感を抱くことができます。

> - 「〇〇がどのようにしてうまくできるようになったのか，<u>聞かせてください</u>」
> - 「どの辺りがつらくなったのか，その様子を<u>教えていただけますか？</u>」

2）承認する

　承認とは受容です。相手の目を見つめ，大きくうなずき，相づちを打ち，受け止めます。本人の頑張りだけでなく，つらさや悲しみも含めて受け止める姿勢で向き合いましょう。電話でのモニタリングは，お互いの顔が見えません。大きめの声でやりとりすることを心がけましょう。

> - 「〇〇をされたのは，とても<u>大変だったでしょうね</u>」
> - 「ご自分なりに生活習慣を工夫して，<u>よく頑張られましたね</u>」

3）褒める

　できないことが多くなり自分に腹立たしい思いをしている（**自己否定の感情**）本人にとって，<u>専門職の褒める言葉</u>によって達成感と自己肯定感を取り戻すことができます。

- 「すごいですね！　なかなかできないですよ。カッコイイです！」
- 「良くなりましたね！」　　・「いい〇〇ですね」
- 「素晴らしいです」　　　　・「頑張っておられますね」

4）応援する・励ます

　介護予防は，日々の運動だけでなく，生活習慣や食生活の改善など地道な努力が求められます。必要だと分かっていても，継続するのはなかなか難しいものです。専門職から「励ましの言葉」「応援の言葉」をもらうことで，本人（家族）の頑張りが継続することを目指しましょう。<u>本人の頑張りによって自分たち（支援者側）が「励まされる」</u>ことを伝えることも効果的です。

- 「ちょっと面倒になる時もあると思いますが，<u>頑張ってください</u>」
- 「〇〇ができるようになることを<u>私たちも応援しています</u>」
- 「〇〇さんが頑張っている姿を見ると，<u>私たちも励まされます</u>」

5）期待する

　人には「期待に応えたい」という思いがあります。期待されていることを言葉で聞くと本人の意欲につながります。結果だけでなく，取り組みの過程でも期待していることを言葉にしましょう。ただし，<u>過度な期待はプレッシャーとなり，本人を追い込んでしまうことがあるので注意</u>が必要です。

- 「3カ月後にはふらつくことがなくなり，〇〇が<u>できるようになっているといいですね</u>」
- 「〇〇を頑張って半年後に△△ができるようになることを<u>期待しています</u>」

6）目標を設定する

　リハビリテーションを重ねて体調が改善すると，できることも増えます。一方，家庭内事故や加齢による体力の低下・体調不良によりできないことも出てきます。励ますだけでなく，必要に応じてこの1～3カ月間の目標を再設定しましょう。

- 「〇〇ができるようになったのはすごいですね。<u>次は△△を目指しましょう</u>」
- 「〇〇が少し難しいのであれば，△△に<u>取り組むのはいかがでしょうか？</u>」
- 「〇〇ができる（できない）なら，次の1カ月間はどのようなことを<u>取り組みましょうか？</u>」

第2節 介護予防サービス・支援の評価

介護予防支援・サービス評価表

利用者名　　　　　殿

目標	評価期間	目標達成状況	目標（達成／未達成）
介護予防ケアプランの目標欄を転記する。	評価期間は3カ月から1年以内となる。	目標の項目ごとに達成状況を記載する。ただし，達成したかどうかだけでなく，どのように取り組んできたかを本人，家族，地域のインフォーマル支援，介護保険サービス，地域支援事業などに分けて記載する。	目標の「達成，未達成」を記載する。

総合的な方針

介護予防ケアプランにおける総合的な方針に変更があれば，それを記載する。

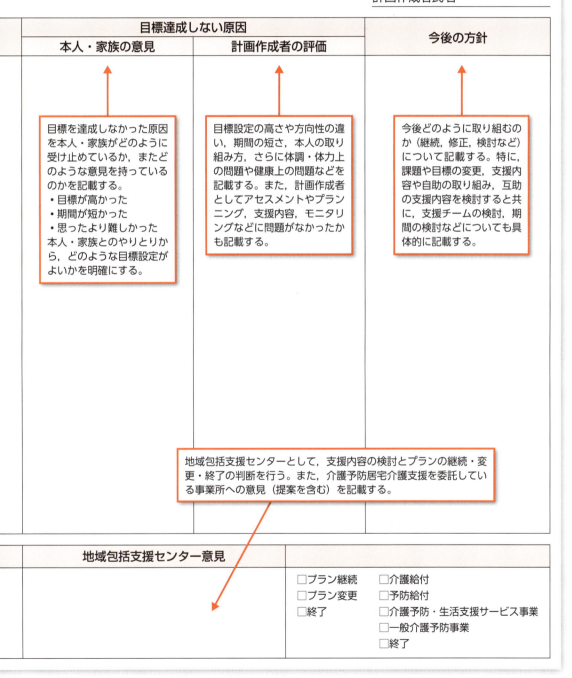

第3節　介護予防ケアマネジメントの引き継ぎ（非該当・要介護）における3つの情報提供

　介護予防ケアマネジメントのプロセスには必ず終結の業務があります。心身の機能やADL，IADLの改善で「非該当のステージ」に移る人もいれば，家庭内や外出先での転倒事故や病気の進行などにより「要介護のステージ」に移る人もいます。

　重要なことは，介護予防ケアマネジメントの終結で「引き継ぎの作業」が行われないと，引き継ぎ先のケアマネジャーや介護サービス事業所，老健や介護付き有料老人ホーム（住宅型含む）などは，利用者の基本情報や現在の状況，介護予防サービスの利用状況，本人（自助）および家族・インフォーマル資源（互助）について何も情報を持っていない「全くの白紙状態」でスタートしなければいけないということです。

　本人らしさを尊重した質の高い連続性のある「自立（自律）支援」を目指すために，次の4つの資料を本人（家族）の了解のもと必ず引き継ぎしましょう。

1　利用者基本情報

　利用者基本情報は，生活歴や家族構成，医療情報などがコンパクトに整理されています。これらの情報を提供することで引き継ぎ先のケアマネジャーに「同じ内容」を話す手間を省くことができます。

　引き継ぎについては，本人・家族の了解をもらっておきましょう。

2　介護予防サービス計画（介護予防ケアプラン），個別サービス計画

　介護予防サービス計画は，引き継ぎ先にとっては利用者基本情報の次に必要な「貴重な資料」です。そこには次の内容が整理されています。
- 4領域ごとの現状と本人（家族）の受け止め
- 4領域ごとの課題（リスク）と総合的な課題
- 課題に対する目標と具体策の提案と本人・家族の意向
- 目標と支援計画

　必ず添付したいのが個別サービス計画です。介護予防サービス事業所で具体的

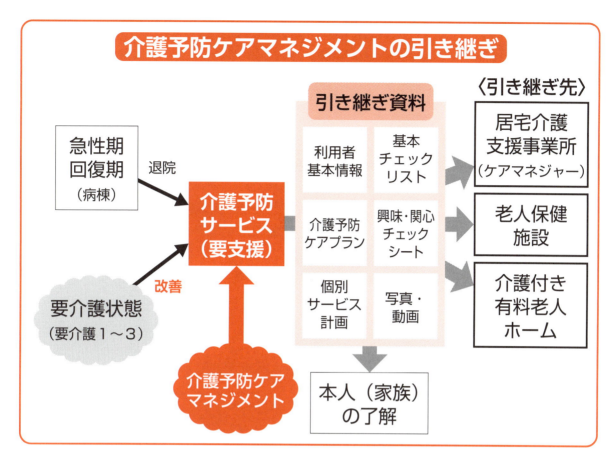

にどのような支援が行われていたのかが詳細に書かれているからです。これらは，特に要介護1・2となった利用者の個別サービス計画に生かすことができます。

3 基本チェックリストと興味・関心チェックシート

　基本チェックリストと共に，特に重視したいのが興味・関心チェックシートです。興味・関心チェックシートには，本人の楽しみや生きがい，人間関係や役割について興味のある項目などが詳細に聴き取られています。これらは本人の意欲を引き出す課題や目標を設定する時や介護サービス事業所でのアクティビティを計画する時にとても参考になります。また，本人が認知症となってからも生かせる情報ですから，書面だけでなく口頭で説明を行いましょう。

4 写真，動画など

　本人の自宅や地域での取り組みの状況や改善の状況，介護予防サービスの取り組み状況などは写真や動画で提供し，「見える化」を工夫しましょう。

第8章

介護予防ケアプラン 9事例

事例1 50年間続けた食品雑貨店を閉めて人との交流が激減。
介護予防で社会参加を目指す 132

事例2 脳梗塞後に歩行が不安定に。閉じこもりがちになった独居男性 140

事例3 童謡コーラスの仲間が他界。
ひきこもりがちとなった独居女性への支援 148

事例4 右手の手根管症候群の痺れを生活リハビリテーションで改善し，
家事の自立を目指す 156

事例5 仕事人間だったが退職後に認知症を発症。
1年後の温泉旅行を目指す 164

事例6 得意の水墨画と阪神タイガース観戦で本人の意欲を引き出す 172

事例7 古代史の会への月1回参加を目標に
1日4,000歩の散歩と栄養改善に取り組む 180

事例8 構音障害を改善し，編み物プレゼントと
デイサービスでのボランティアで社会参加を目指す 188

事例9 一人息子と調理場に立つことを目指し，運動型通所サービスに通う 196

事例1

50年間続けた食品雑貨店を閉めて人との交流が激減。介護予防で社会参加を目指す

性別	女性
年齢	81歳
障害高齢者自立度	J1
認知症自立度	Ⅰ

[初回]・紹介・継続　　**[認定済]**・申請中　　**[要支援1]**・要支援2

病名（主なもの）		概要：地域の商店街で50年間食品・雑貨販売店を営み，地域住民の井戸端会議の場となっていた。大腸がんが見つかり手術をしたことをきっかけに店じまいをした。店を閉めたことで人との会話が減り，昼間は自宅で1人で過ごすことが増えた。庭でつまずいて転んだことを機に「このままでは足腰も弱り，ボケてしまうのではないか」と心配になり，自分の体力で続けられる活動がないかと模索しはじめた。
既往歴	白内障，胆石，大腸がん	
現病歴	なし	

利用者基本情報

〈基本情報〉

本人の現況	**[在宅]**・入院または入所中（　　　　　　　　　　　　　　　　）
障害等認定	身障（　），療育（　），精神（　），難病（　）
本人の住居環境	**[自宅]**・借家　　**[一戸建て]**・集合住宅　　自室**[有]**〈2 階建ての 1 階〉・無 エレベーター（有・**[無]**）　　住宅改修（有・**[無]**） 浴室（**[有]**・無）　　便所（**[洋式]**・和式） 段差の問題（有・**[無]**）　　床材，じゅうたんの状況（フローリング・**[畳]**） 照明の状況（**問題なし**　　　　）　　履物の状況（**問題なし**　　　　　　　）
経済状況	**[国民年金]**・厚生年金・障害年金・生活保護

緊急連絡先	氏名	続柄	住所・連絡先
	○○○○	次女	○○市○○町×丁目○-○ (携帯電話) 080-××××-○○○○ (E-mail) ni×××@sh××.ne.jp
	○○○○	長女	○○市○○町×丁目○-○ (携帯電話) 080-××××-○○○○ (E-mail) si×××@sh××.ne.jp

家族情報

◎=本人，○=女性，□=男性
●■=死亡，☆=キーパーソン
(同居家族は⋯で囲む)

■—◎(81歳)
├─○(55歳)
└─○☆(50歳)

〈介護予防に関する事項〉

今までの生活	お茶どころで生まれ育ち，同郷の男性と見合い結婚をして娘2人を授かる。夫は，6人きょうだいの末っ子で，独立願望が強く30歳の時に脱サラをして，地域の商店街で食品雑貨店「○○△△」を営み始めた。自身も子育てをしながら一緒に店に立つようになった。 6年前に夫が心筋梗塞で倒れ，一命はとりとめたものの要介護状態となった。店を切り盛りしながら夫の介護を行っていたが，その夫も昨年亡くなった。その後も店を営みながら暮らしていた。10年前に大腸がんが見つかり手術を受け，一旦は人工肛門を造設したが，現在は通常排便ができている。80歳という高齢で，娘たちも心配するため，50年間営んできた思い出の店を1年前に閉じた。			
現在の生活状況 (どんな暮らしを送っているか)	1日の生活・過ごし方			趣味・楽しみ・特技
	これまでは大半の時間を店で過ごしていた。店を閉めてから，やることは自宅の庭で花を育てることだけになった。 井戸端会議のように人がよく来ていたが，近くに住む友人が自宅を訪ね，一緒にお茶を飲むことくらいになってしまった。			社交的で誰とでもすぐに打ち解けて話ができる。自宅の庭で鉢植えの花をたくさん育てている。料理が好きで，友人が訪ねてくると故郷の郷土料理などを振る舞っていた。
	時間	本人	介護者・家族	友人・地域との関係
	6：00ごろ	起床		長年地域で商売をして，顔が知られているので，近所の○○地区の人が気軽に声をかけてくれる。 これまでは，毎日のように店で多くの方たちと接してきたが，店を閉めてからは人と会うことも急激に減り，会話する機会も少なくなった。
	8：00ごろ	朝食	長女・次女とも就労しており，仕事に出かける。	
		買い物など家事全般		
	12：00ごろ	昼食		
		庭の植木いじりなど		
	19：00ごろ	夕食準備	次女帰宅（18〜19時ごろ）	
	20：00ごろ	次女と夕食	長女帰宅（20〜21時ごろ）	
	21：00ごろ	就寝		

〈現病歴・既往歴と経過〉（新しいものから書く・現在の状況に関連するものは必ず書く）

年月日	病名	医療機関・医師名 (主治医・意見作成者に☆)		経過	治療中の場合は内容
○○○○年 12月2日	大腸がん	○○大学病院	○○医師☆	TEL	治療中 (経観中) その他	
				TEL	治療中 経観中 その他	

〈現在利用しているサービス〉

公的サービス	非公的サービス
通所サービスB（住民主体のデイサービス） 訪問サービスD（住民主体のデイサービスに通うための生活支援）	なし

基本チェックリスト

No.	質問項目	回答（いずれかに○をお付けください）		点数	事業対象者判定
1	バスや電車で1人で外出していますか	**0.はい**	1.いいえ		
2	日用品の買い物をしていますか	**0.はい**	1.いいえ		
3	預貯金の出し入れをしていますか	**0.はい**	1.いいえ		
4	友人の家を訪ねていますか	**0.はい**	1.いいえ		
5	家族や友人の相談にのっていますか	**0.はい**	1.いいえ	0/5	
運動機能 6	階段を手すりや壁をつたわらずに昇っていますか	0.はい	**1.いいえ**		3点～該当
7	椅子に座った状態から何もつかまらずに立ち上がっていますか	0.はい	**1.いいえ**		
8	15分位続けて歩いていますか	**0.はい**	1.いいえ		
9	この1年間に転んだことがありますか	**1.はい**	0.いいえ		
10	転倒に対する不安は大きいですか	**1.はい**	0.いいえ	4/5	
栄養状態 11	6カ月間で2～3kg以上の体重減少がありましたか	1.はい	**0.いいえ**		2点～該当
12	身長（143）cm，体重（54）kg ⇒ BMI=（26.4）※（注）参照			0/2	
口腔機能 13	半年前に比べて固いものが食べにくくなりましたか	**1.はい**	0.いいえ		2点～該当
14	お茶や汁物等でむせることがありますか	1.はい	**0.いいえ**		
15	口の渇きが気になりますか	1.はい	**0.いいえ**	1/3	
閉じこもり 16	週に1回以上は外出していますか	**0.はい**	1.いいえ		「16」が「いいえ」で該当
17	昨年と比べて外出の回数が減っていますか	**1.はい**	0.いいえ	1/2	
認知機能 18	周りの人から「いつも同じ事を聞く」などの物忘れがあると言われますか	1.はい	**0.いいえ**		1点～該当
19	自分で電話番号を調べて，電話をかけることをしていますか	**0.はい**	1.いいえ		
20	今日が何月何日かわからない時がありますか	**1.はい**	0.いいえ	1/3	
（注）BMI＝体重（kg）÷身長（m）÷身長（m）が 18.5未満の場合に1点とする。			小計	7/20	No.1～20の合計が10点～生活機能全般で該当
うつ病の可能性 21	（ここ2週間）毎日の生活に充実感がない	1.はい	**0.いいえ**		2点～該当
22	（ここ2週間）これまで楽しんでやれていたことが楽しめなくなった	1.はい	**0.いいえ**		
23	（ここ2週間）以前は楽にできていたことが今ではおっくうに感じられる	1.はい	**0.いいえ**		
24	（ここ2週間）自分が役に立つ人間だと思えない	1.はい	**0.いいえ**		
25	（ここ2週間）わけもなく疲れたような感じがする	1.はい	**0.いいえ**	0/5	

興味・関心チェックシート

生活行為	している	してみたい	興味がある	生活行為	している	してみたい	興味がある
自分でトイレへ行く	○			生涯学習・歴史			○
一人でお風呂に入る	○			読書（恋愛小説）	○		
自分で服を着る	○			俳句	×		
自分で食べる	○			書道・習字		○	
歯磨きをする	○			絵を描く・絵手紙　絵は好き			○
身だしなみを整える	○			パソコン・ワープロ			○
好きなときに眠る	○			写真	×		
掃除・整理整頓	○			映画・観劇・演奏会　○○映画館		○	
料理を作る	○			お茶・お花		○	
買い物　○○スーパー／毎日	○			歌を歌う・カラオケ（月1回）	○		
家や庭の手入れ・世話	○			音楽を聴く・楽器演奏	×		
洗濯・洗濯物たたみ	○			将棋・囲碁・麻雀・ゲーム等	×		
自転車・車の運転	×			体操・運動（通販のDVDあり）		○	
電車・バスでの外出	○			散歩　○○神社まで15分	○		
孫・子供の世話	○			ゴルフ・グランドゴルフ・水泳・テニスなどのスポーツ		○	
動物の世話（ネコが好き）			○	ダンス・踊り（ダンスは苦手！）	×		
友達とおしゃべり・遊ぶ	○			野球・相撲等観戦		○	
家族・親戚との団らん	○			競馬・競輪・競艇・パチンコ	×		
デート・異性との交流	×			編み物	×		
居酒屋に行く	×			針仕事（和裁OK）	○		
ボランティア（園芸ボラ）			○	畑仕事（花, キューリ, 大根）		○	
地域活動（町内会・老人クラブ）		○		賃金を伴う仕事	×		
お参り・宗教活動		○		旅行・温泉（熱海か箱根）（年1回は）		○	
その他（　　　　　）				その他（　　　　　）			
その他（　　　　　）				その他（　　　　　）			

※生活行為の○印は，該当する項目　　※「している」の×印は，いずれも該当なし　　※赤字は聞き取り時のメモ

課題整理総括表

利用者名	○○○○ 殿			
自立した日常生活の阻害要因 (心身の状態, 環境等)	①足腰が弱いことによる転倒への不安感 ④		②仕事がなくなったことによる人との交流の減少 ⑤	

状況の事実		現在	要因	改善/維持の可能性
移動	室内移動	(自立) 見守り 一部介助 全介助		改善 維持 悪化
	屋外移動	自立 (見守り) 一部介助 全介助	①,③	(改善) 維持 悪化
食事	食事内容	(支障なし) 支障あり		改善 維持 悪化
	食事摂取	(自立) 見守り 一部介助 全介助		改善 維持 悪化
	調理	(自立) 見守り 一部介助 全介助		改善 維持 悪化
排泄	排尿・排便	(支障なし) 支障あり		改善 維持 悪化
	排泄動作	(自立) 見守り 一部介助 全介助		改善 維持 悪化
口腔	口腔衛生	(支障なし) 支障あり		改善 維持 悪化
	口腔ケア	(自立) 見守り 一部介助 全介助		改善 維持 悪化
服薬		(自立) 見守り 一部介助 全介助		改善 維持 悪化
入浴		(自立) 見守り 一部介助 全介助		改善 維持 悪化
更衣		(自立) 見守り 一部介助 全介助		改善 維持 悪化
掃除		(自立) 見守り 一部介助 全介助		改善 維持 悪化
洗濯		(自立) 見守り 一部介助 全介助		改善 維持 悪化
整理・物品の管理		(自立) 見守り 一部介助 全介助		改善 維持 悪化
金銭管理		(自立) 見守り 一部介助 全介助		改善 維持 悪化
買い物		(自立) 見守り 一部介助 全介助		改善 維持 悪化
コミュニケーション能力		支障なし (支障あり)	②,③	(改善) 維持 悪化
認知		支障なし (支障あり)	②,③	(改善) 維持 悪化
社会との関わり		支障なし (支障あり)	①,②	(改善) 維持 悪化
褥瘡・皮膚の問題		(支障なし) 支障あり		改善 維持 悪化
行動・心理症状 (BPSD)		(支障なし) 支障あり		改善 維持 悪化
介護力 (家族関係含む)		支障なし (支障あり)	③	(改善) 維持 悪化
居住環境		(支障なし) 支障あり		改善 維持 悪化
				改善 維持 悪化

作成日　〇〇〇〇年　〇月　〇日

		利用者及び家族の生活に対する意向	本人：今まで生きがいだった店を閉めてからは，人とのかかわりも減って精神的に落ち込んでしまうのではないか不安に思う。活発に過ごしたい。
③日中独居状態			
⑥			

	備考（状況・支援内容等）	見通し	生活全般の解決すべき課題（ニーズ）【案】	優先順位
	自立しているが，今年2月に転倒した際に放置して数日動けなくなったことがあり，本人の中での不安は強い。電車やバスなどには乗れているが，遠出はしづらくなっている。	・営んできた店を閉めたことで急激に人との交流が減ってしまった。自分でも認知機能の低下に対して危惧している。	認知機能を低下させないように，地域の友人だけでなく，新しい友人をつくる。	1
		・定期的に多くの人と交流し，話したり活動したりできる場に参加することで，身体機能や認知機能を改善できると考える。 ・定期的に散歩や買い物に出かけて身体を動かすことで，筋力を保つことができると考えられる。この生活習慣を続けることを目指す。	地元の友人や仲間とミニ旅行などの外出の機会をつくる。	2
	店じまいをしてから会話する機会が減り，自分では言葉が出にくくなったように感じている。 5年前よりも言葉の出にくさやもの忘れがあるように自覚している。 店じまいをしてから，家で過ごすことが多くなった。			
	娘は2人とも帰宅が遅く，日中は独居状態である。			

介護予防サービス・支援計画書

●目標とする生活

1日	毎日,「今日は○○に出かける」など,外出の予定を決めると共に,娘2人の母として家事を頑張る。

●支援計画

アセスメント領域と現在の状況	本人・家族の意欲・意向	領域における課題（背景・原因）	総合的課題	課題に対する目標と具体策の提案	具体策についての意向 本人・家族
運動・移動 これまで自営の店先に立ち一日を過ごしてきたが,店じまい後は自宅で座っていることも増え,つまずくことが増えている。	本人：今までは,営んでいた店でいつも店先に立って過ごしていた。座っていることが多く,足が弱ってしまうことが心配である。	■有　□無 自然と身体を動かす生活が途絶え,つまずくことも増えていることから,さらなる低下が危惧される。	長年営んできた店をたたんで自宅中心の生活になっている。足腰の弱まりと認知機能の低下も見られる。低下を最小限にとどめていく必要がある。	（目標） 自宅内にとどまらず日頃から「日課・外出予定」のある生活が送れる。 （具体策） 商店街の仲間や常連客が参加している集いに加わり,役割も担いながら過ごせるようにする。	本人：商店街の仲間や常連客などで運営している集いがあるので,参加してみたいと思う。魚屋だった人がボランティアで調理を担当し,魚をさばいている話を聞いて,自分も何かできることがあったらやってみたいと思う。
日常生活（家庭生活） 2人の娘は朝から夜間遅くまで仕事で不在のため,日中は1人で過ごすことが多い。家事全般はこなせている。	本人：日中誰もいないので,自分が家事を担っていることはむしろ身体を動かす機会になっていいのかもしれない。	□有　■無 自宅での家事を一手に担うことで,その役割意識と身体活動による機能維持につながっている。			
社会参加・対人関係・コミュニケーション 友人が週に1回くらい自宅を訪ね,一緒にお茶を飲んでいるが,それ以外の交流は従来に比べて極端に減っている。	本人：近くに友人が住んでいることは,自分にとって救いになっている。これからも交流を続けたい。	■有　□無 店じまいをして他者との交流が急激に乏しくなり,もの忘れなどの認知機能低下も見られる。			
健康管理 大腸がんの手術後,一時期人工肛門だったことがある。現在は定期的に通院し,経過観察中で安定している。	本人：これまで大病をすることなく暮らしてきたのに,手術をして自分が衰えていくのが心配である。	□有　■無 定期的な受診を欠かさず行っており,このまま継続していくことが大切。			

●健康状態について

☐主治医意見書,生活機能評価等を踏まえた留意点

大腸がん術後の経過は順調で,通院も定期的に行っています。
営んできた店を閉めたと聞いていますので,身体を動かす機会を保てるように配慮をお願いします。

基本チェックリストの(該当した質問項目数)／(質問項目数)をお書きください。
地域支援事業の場合は必要なプログラムの枠内の数字に○印をつけてください。

	運動不足	栄養改善	口腔内ケア	閉じこもり予防	物忘れ予防	うつ予防
予防給付または地域支援事業	○4/5	0/2	1/3	1/2	○1/3	0/5

1年	仲間とお出かけしたり，○○の郷土料理を振る舞えるようになる。

目標	支援計画					
	目標についての支援のポイント	本人等のセルフケアや家族の支援，インフォーマルサービス	介護保険サービスまたは地域支援事業	サービス種別	事業所	期間
商店街OBの仲間たちと，バザーの協力などの役割を担い，生きがいのある生活を送る。	周囲は，すべてお膳立てをすることなく，自分でできることに取り組めるように配慮しながら活動に参加できるようにする。	・集いの場で行われている活動に積極的に参加し，自分で担えそうなことを見つけて取り組めるようにする。 ・自宅で友人との交流を続け，一緒に出かける機会を持つ。	【地域支援事業】 ・住民主体型のデイサービスに通い，ボランティアや参加する同年代の仲間たちと共に体操運動や脳トレーニングなどを行いながら交流する。	通所サービスB（住民主体型デイサービス）	○○デイサービス	○○○○年4月1日～○○○○年3月31日
			【地域支援事業】 ・デイサービスに出かけるための生活支援を行う。	訪問サービスD（デイサービス参加のための自宅近隣バスストップまでの送迎）	○○送迎サービス	○○○○年4月1日～○○○○年3月31日

【本来行うべき支援ができない場合】
妥当な支援の実施に向けた方針

総合的な方針：生活不活発病の改善・予防のポイント

店じまいをしたことで自宅に引きこもって衰えないようにと，自ら意識的に活動していきたいという意欲をしっかりお持ちです。地域に貢献したい思いを応援し，お持ちの技術を生かした活躍ができるように支援します。

計画に関する同意

上記計画について，同意いたします。

○○○○年○月○日　　氏名　○○○○　印

地域包括支援センター	【意見】
	【確認印】

事例 2　脳梗塞後に歩行が不安定に。閉じこもりがちになった独居男性

性別	男性
年齢	74歳
障害高齢者自立度	J2
認知症自立度	自立

(初回)・紹介・継続　　(認定済)・申請中　　(要支援1)・要支援2

既往歴	病名（主なもの）	概要：5年前に妻が亡くなって一人暮らしではあるが，社交的で友人との交流や地域の活動など充実した生活を送っていた。2年前に発症した脳梗塞のため，左半身に麻痺が残り，歩行はすり足，痺れや手に力が入らない等，身体が思うようにならなくなった。気力が落ちて外出の頻度や仲間との交流が減り，閉じこもりがちとなり，筋力も低下し，転倒に対する不安が強くなった。近隣住民や民生委員が心配し，地域包括支援センターに相談があった。
	脳梗塞	
現病歴	高血圧	

利用者基本情報

〈基本情報〉

本人の現況	(在宅)・入院または入所中（　　　　　　　　　）
障害等認定	身障（　），療育（　），精神（　），難病（　）
本人の住居環境	自宅・借家　(一戸建て)・集合住宅　　自室(有)〈 2 階建ての 1 階〉・無） エレベーター（有・(無)）　住宅改修（(有)・無） 浴室（(有)・無）　便所（(洋式)・和式） 段差の問題（有・(無)）　床材，じゅうたんの状況（フローリング・(畳)） 照明の状況（**問題なし**　　　）　履物の状況（**問題なし**　　　）
経済状況	(国民年金)・厚生年金・障害年金・生活保護

家族情報

◎=本人，○=女性，□=男性
●■=死亡，☆=キーパーソン
（同居家族は ┆ ┆ で囲む）

緊急連絡先	氏名	続柄	住所・連絡先
	○○○○	長男	○市○○町×丁目○-○ (携帯電話) 080-××××-○××× (E-mail) Ti○○@×××.ne.jp

□(74歳)　●(68歳)
　　□(44歳)

〈介護予防に関する事項〉

今までの生活	現在の住居で生まれ育つ。両親が精肉店を営んでおり，結婚後に夫婦でその店を継いだ。65歳の時に店を閉め，友人に誘われ地域の活動を行ってきた。体を動かすことも好きで，60歳まで月に1度は草野球をしていた。 69歳の時に妻が亡くなり，一人暮らしになったが，充実した生活を送っていた。しかし，72歳で脳梗塞を発症し，体の自由が利かなくなり閉じこもりがちとなる。次第に，近所付き合いも消極的になっていった。唯一の楽しみは，プロ野球のナイター中継を観ながらの晩酌である。			
現在の生活状況 どんな暮らしを送っているか	1日の生活・過ごし方			趣味・楽しみ・特技
	朝9時ごろ起床し，のんびりと朝昼兼用の食事をとる。午後からはテレビを観て過ごし，食事はコンビニエンスストアでカップ麺とお酒を買ってきて済ませている。夜は晩酌しながらプロ野球を観る。睡眠は良好。			脳梗塞を発症する前は，地域の友人と草野球や地域の活動を楽しんでいた。妻の生前は一緒に家庭菜園を楽しみ，共通の趣味にしていた。最近は，テレビでプロ野球を観るのが唯一の楽しみである。
	時間	本人	介護者・家族	友人・地域との関係
	9：00 11：00 12：00〜 16：00 17：00 18：00 22：00	起床 朝昼兼用の食事 テレビ 買い物 入浴 夕食・晩酌・テレビ 就寝		元々社交的で友人が多く，近隣住民との関係も良かったが，脳梗塞を発症してからは交流がない。時折地域活動をしていたころの仲間が様子を見に来てくれる。しかし訪問する人は少しずつ減っている。遠方に住む独身の長男（44歳）はお盆と正月に帰省するが，普段は連絡を取っていない。

〈現病歴・既往歴と経過〉（新しいものから書く・現在の状況に関連するものは必ず書く）

年月日	病名	医療機関・医師名 （主治医・意見作成者に☆）			経過	治療中の場合は内容
○○○○年 6月4日	脳梗塞	○○病院	○○医師	TEL	治療中 (経観中) その他	3カ月に1回定期受診
不詳	高血圧	△△クリニック	△△医師☆	TEL	(治療中) 経観中 その他	月1定期受診（処方薬）
				TEL	治療中 経観中 その他	
				TEL	治療中 経観中 その他	

〈現在利用しているサービス〉

公的サービス	非公的サービス
住宅改修（浴室，トイレ，玄関の手すり）	民生委員の訪問（1回/月）

基本チェックリスト

No.	質問項目	回答 (いずれかに○を お付けください)		点数	事業 対象者 判定
1	バスや電車で1人で外出していますか	0.はい	**1.いいえ**		
2	日用品の買い物をしていますか	**0.はい**	1.いいえ		
3	預貯金の出し入れをしていますか	**0.はい**	1.いいえ	3/5	
4	友人の家を訪ねていますか	0.はい	**1.いいえ**		
5	家族や友人の相談にのっていますか	0.はい	**1.いいえ**		
6	階段を手すりや壁をつたわらずに昇っていますか	0.はい	**1.いいえ**		3点〜 該当
7	椅子に座った状態から何もつかまらずに立ち上がっていますか	0.はい	**1.いいえ**		
8	15分位続けて歩いていますか	**0.はい**	1.いいえ	3/5	
9	この1年間に転んだことがありますか	1.はい	**0.いいえ**		
10	転倒に対する不安は大きいですか	**1.はい**	0.いいえ		
11	6カ月間で2〜3kg以上の体重減少がありましたか	**1.はい**	0.いいえ	1/2	2点〜 該当
12	身長(**167**)cm,体重(**56**)kg ⇒ BMI=(**20**) ※(注)参照				
13	半年前に比べて固いものが食べにくくなりましたか	**1.はい**	0.いいえ		2点〜 該当
14	お茶や汁物等でむせることがありますか	1.はい	**0.いいえ**	1/3	
15	口の渇きが気になりますか	1.はい	**0.いいえ**		
16	週に1回以上は外出していますか	0.はい	**1.いいえ**	2/2	「16」が 「いいえ」 で該当
17	昨年と比べて外出の回数が減っていますか	**1.はい**	0.いいえ		
18	周りの人から「いつも同じ事を聞く」などの物忘れがあると言われますか	1.はい	**0.いいえ**		1点〜 該当
19	自分で電話番号を調べて,電話をかけることをしていますか	**0.はい**	1.いいえ	0/3	
20	今日が何月何日かわからない時がありますか	1.はい	**0.いいえ**		
(注) BMI=体重(kg)÷身長(m)÷身長(m)が18.5未満の場合に1点とする。		小計		10/20	No.1〜20の 合計が 10点〜 生活機能全般 で該当
21	(ここ2週間)毎日の生活に充実感がない	**1.はい**	0.いいえ		2点〜 該当
22	(ここ2週間)これまで楽しんでやれていたことが楽しめなくなった	1.はい	**0.いいえ**		
23	(ここ2週間)以前は楽にできていたことが今ではおっくうに感じられる	1.はい	**0.いいえ**	1/5	
24	(ここ2週間)自分が役に立つ人間だと思えない	1.はい	**0.いいえ**		
25	(ここ2週間)わけもなく疲れたような感じがする	1.はい	**0.いいえ**		

左側縦書きラベル:
- 運動機能 (6〜10)
- 栄養状態 (11〜12)
- 口腔機能 (13〜15)
- 閉じこもり (16〜17)
- 認知機能 (18〜20)
- うつ病の可能性 (21〜25)

興味・関心チェックシート

生活行為	している	してみたい	興味がある	生活行為	している	してみたい	興味がある
自分でトイレへ行く	○			生涯学習・**歴史**（城巡り）		○	
一人でお風呂に入る	○			読書	×		
自分で服を着る	○			俳句	×		
自分で食べる	○			書道・習字	×		
歯磨きをする	○			絵を描く・絵手紙	×		
身だしなみを整える	○			パソコン・ワープロ（フェイスブックをやりたい）			○
好きなときに眠る	○			写真	×		
掃除・整理整頓	○			映画・観劇・演奏会（映画好き）		○	
料理を作る（外食・コンビニが多い）	○			お茶・お花	×		
買い物	○			歌を歌う・**カラオケ**　今は自信ない		○	
家や庭の手入れ・世話（盆栽をやってみたい）			○	音楽を聴く・楽器演奏	×		
洗濯・洗濯物たたみ	○			将棋・囲碁・麻雀・ゲーム等		○	
自転車・車の運転	×			体操・運動　よくなるならやる		○	
電車・**バス**での外出（野球観戦）		○		散歩　家にいるのは飽きた		○	
孫・子供の世話　息子には早く結婚してほしい			○	ゴルフ・グランドゴルフ・水泳・テニスなどのスポーツ　水泳は特に！		○	
動物の世話　実はイヌ好き			○	ダンス・踊り（夏祭り）			○
友達とおしゃべり・遊ぶ（みじめ!!）	×			野球・相撲等観戦（○○球場に行きたい）		○	
家族・親戚との団らん	×			競馬・競輪・競艇・パチンコ	×		
デート・異性との交流	×			編み物	×		
居酒屋に行く（息子と行きたい）		○		針仕事	×		
ボランティア（できるならしたい）		○		畑仕事　家庭菜園でイモ，ナス		○	
地域活動（町内会・老人クラブ）		○		賃金を伴う仕事	×		
お参り・宗教活動	×			旅行・**温泉**　○○温泉に友人と		○	
その他（　　　　　）				その他（　　　　　）			
その他（　　　　　）				その他（　　　　　）			

※生活行為の○印は，該当する項目　　※「している」の×印は，いずれも該当なし　　※赤字は聞き取り時のメモ

課題整理総括表

利用者名	○○○○ 殿		

自立した日常生活の阻害要因（心身の状態，環境等）	①脳梗塞による左半身麻痺ですり足のため遠出がつらい	②転倒の不安が強い	③
	④一人暮らしで，長男は遠方に住む	⑤	

状況の事実		現在	要因	改善/維持の可能性
移動	室内移動	（自立） 見守り 一部介助 全介助		改善 維持 悪化
	屋外移動	自立 （見守り） 一部介助 全介助	①, ②, ③	（改善） 維持 悪化
食事	食事内容	支障なし （支障あり）	②, ③	（改善） 維持 悪化
	食事摂取	（自立） 見守り 一部介助 全介助		改善 維持 悪化
	調理	（自立） 見守り 一部介助 全介助		改善 維持 悪化
排泄	排尿・排便	（支障なし） 支障あり		改善 維持 悪化
	排泄動作	（自立） 見守り 一部介助 全介助		改善 維持 悪化
口腔	口腔衛生	（支障なし） 支障あり		改善 維持 悪化
	口腔ケア	（自立） 見守り 一部介助 全介助		改善 維持 悪化
服薬		（自立） 見守り 一部介助 全介助		改善 維持 悪化
入浴		（自立） 見守り 一部介助 全介助		改善 維持 悪化
更衣		（自立） 見守り 一部介助 全介助		改善 維持 悪化
掃除		（自立） 見守り 一部介助 全介助		改善 維持 悪化
洗濯		（自立） 見守り 一部介助 全介助		改善 維持 悪化
整理・物品の管理		（自立） 見守り 一部介助 全介助		改善 維持 悪化
金銭管理		（自立） 見守り 一部介助 全介助		改善 維持 悪化
買い物		（自立） 見守り 一部介助 全介助		改善 維持 悪化
コミュニケーション能力		（支障なし） 支障あり		改善 維持 悪化
認知		（支障なし） 支障あり		改善 維持 悪化
社会との関わり		支障なし （支障あり）	①, ②, ③	（改善） 維持 悪化
褥瘡・皮膚の問題		（支障なし） 支障あり		改善 維持 悪化
行動・心理症状（BPSD）		（支障なし） 支障あり		改善 維持 悪化
介護力（家族関係含む）		支障なし （支障あり）	④	改善 （維持） 悪化
居住環境		（支障なし） 支障あり		改善 維持 悪化
趣味		支障なし （支障あり）	②, ③	（改善） 維持 悪化

作成日　○○○○年　○月　○日

		利用者及び家族の生活に対する意向	本人：仲間と野球観戦を楽しんだり，野菜づくりをしたりして近所の人とかかわりたい。		
③気力が低下し，閉じこもりがち					
⑥					
備考（状況・支援内容等）		見通し	生活全般の解決すべき課題（ニーズ）【案】	優先順位	
デイサービス週１回利用 配食サービス週３日利用 食事内容は偏りがち。 簡単な料理なら作ることができる。		・外出や運動の機会を増やし，筋力アップや社会参加を促進させることによって，再び地域の活動に参加することができる。	定期的に地域の通いの場に外出できるようになる。	2	
		・家庭菜園を再開して，野菜を料理する機会が増えれば，バランスのとれた食事をすることができる。 ・できた野菜を近所の人に分けることができれば，地域の人との交流や助け合いなどの活動につながる可能性がある。	自分で作った野菜で，料理をしたり，野菜を近所の人におすそ分けをしたりする。	1	
			草野球チーム○○の仲間と野球観戦を楽しむことができる。	3	
デイサービス，地域の活動					
長男はお盆と正月のみ帰省する。 家庭菜園もやめてしまっている。					

介護予防サービス・支援計画書

● 目標とする生活

1日	1日1回は外出する。家庭菜園の手入れをする。一日の始まりには，自宅でできる転倒予防体操を20分は行う。

● 支援計画

アセスメント領域と現在の状況	本人・家族の意欲・意向	領域における課題（背景・原因）	総合的課題	課題に対する目標と具体策の提案	具体策についての意向 本人・家族
運動・移動 外出は，近くのコンビニエンスストアへ買い物に行く程度。脳梗塞の後遺症により左半身に痺れが残っているが，ゆっくりとすり足で歩くことはできるが，転倒に対する不安が大きい。	本人：体がいうことをきかないから，怖くて外出する意欲がなくなった。できれば外へは出たい。	■有　□無 脳梗塞の後遺症のため身体を思うように動かせなくなっている。外出機会が少なく，筋力低下の恐れがあり，転倒に対する不安がある。	左半身麻痺により外出頻度が減って筋力低下や気力低下が見られ，引きこもり傾向にある。 栄養面に偏りが見られる。	（目標） 家庭菜園を再開して野菜料理を作り，近所の人におすそ分けをする。 （具体策） ①筋力低下を防止し，運動機能の向上を図るため，デイサービスを利用する。 ②週3回配食サービスを利用し，栄養に気をつけていく。 ③毎日，転倒予防体操を行う。 ④近所の人や草野球チームの仲間と月に2回以上は交流を図る。	本人：仲間と野球観戦を楽しんだり，家庭菜園を再開して野菜料理や近隣住民におすそ分けをしたりして，楽しく過ごしたいので頑張ります。 長男：あまり帰れませんが，電話をして様子を確認します。スマートフォンを使えるように，購入して教えていきます。
日常生活（家庭生活） 食事は自立しているが，料理はせずコンビニエンスストアのカップ麺などを1日2食食べている。最低限の掃除やごみ出し，洗濯はできている。	本人：日常のことは何とかできている。野菜が少なく困っている。	■有　□無 家事は今のところ自分でできているが，栄養面では偏りがある。			
社会参加・対人関係・コミュニケーション 近所付き合いや友人との交流は最近全くない。長男は県外に住み年に2回帰省する程度。最近は気持ちが沈み，何事もおっくうに感じることが多い。	本人：周りは気にしているみたいだが，みんなに会うとうらやましくなるからあまり会わない。体が動かなくなって，楽しめていたことが楽しめなくなった。	■有　□無 楽しみや他の人との交流の機会がほとんどない。気力の低下により，閉じこもりの恐れがある。			
健康管理 2年前に脳梗塞を発症し，後遺症で左半身に痺れが残っている。3カ月に1回通院し，経過観察中。高血圧で近医クリニックに月1回通院。内服治療中。入浴は週2回シャワー浴。	本人：処方された薬は欠かさず飲めている。	□有　■無 内服忘れもなく，通院も定期的にできている。			

● 健康状態について

□ 主治医意見書，生活機能評価等を踏まえた留意点

転倒に注意。筋力低下を防止するために適度な運動が必要である。
血圧が高いので，塩分の多いカップ麺は控えて栄養バランスに気をつける必要がある。

基本チェックリストの(該当した質問項目数)／(質問項目数)をお書きください。
地域支援事業の場合は必要なプログラムの枠内の数字に○印をつけてください。

	運動不足	栄養改善	口腔内ケア	閉じこもり予防	物忘れ予防	うつ予防
予防給付または地域支援事業	③/5	1/2	1/3	②/2	0/3	1/5

1年	地域の活動に復帰し，かつての仲間と再び地域活動を楽しめるようになる。スマートフォンを使いこなせるようになる。

目標	支援計画					
	目標についての支援のポイント	本人等のセルフケアや家族の支援，インフォーマルサービス	介護保険サービスまたは地域支援事業	サービス種別	事業所	期間
家庭菜園を再開して得意な野菜料理を作り，近所の人におすそ分けする。	・歩行時は，あわてず1歩ずつ足を運んでいく。 ・デイサービスの職員は，体調確認の声かけを行い，無理をせず，本人の体調に合わせた運動を提供する。	本人： ・毎日自分で血圧を測る。 ・無理せず，毎日の外出や家事，自宅でできる転倒予防体操を行う。 ・近所の人や草野球チームの仲間と月に2回以上は交流の機会をつくる。 長男： ・スマートフォンを購入し，使えるように教える。 ・野菜作りの手伝い。	【地域支援事業】 ・運動や体操の提供。 ・レクリエーションの提供。 ・体調管理。 ・自宅でもできる体操の指導や助言。	運動型通所サービス	○○デイサービス	○○○○年11月1日 ～ ○○○○年4月30日 （6カ月評価）
			【地域支援事業】 ・週3回の配達時の安否確認。	配食サービス	○○配食サービス	○○○○年11月1日 ～ ○○○○年4月30日 （6カ月評価）

【本来行うべき支援ができない場合】
妥当な支援の実施に向けた方針

総合的な方針：生活不活発病の改善・予防のポイント

外出の機会を増やし，筋力低下を防止し，心身共に健康で○○地区の地域活動に参加ができるよう支援していきます。

計画に関する同意

上記計画について，同意いたします。 ○○○○年○月○日　　　氏名　○○○○　印

地域包括支援センター	【意見】
	【確認印】

事例 3 童謡コーラスの仲間が他界。ひきこもりがちとなった独居女性への支援

性別	女性
年齢	91歳
障害高齢者自立度	A1
認知症自立度	自立

初回 ・ 紹介 ・ (継続)　　認定済 ・ 申請中　　要支援1 ・ (要支援2)

	病名（主なもの）	概要：10年前に夫が他界してから，一人暮らし。市内に住む長女が1日おきに家事を手伝いに来ている。3カ月前に肺炎で入院。入院治療中に心筋梗塞を発症し，リハビリテーションを経て退院した。退院後に，ケアマネジャーから通所リハビリテーションの利用を勧められたが，希望しなかった。2カ月間自宅で過ごしたが，体力・筋力共に低下が見られ，歩行も不安定になってきた。本人は体力を回復させ，引き続き自宅で生活したいとの思いを強く持っている。
既往歴	肺炎，両膝膝関節症	
現病歴	心筋梗塞，高血圧 白内障	

利用者基本情報

〈基本情報〉

本人の現況	(在宅)・ 入院または入所中（　　　　　　　　　　　　　　　　）
障害等認定	身障（　），療育（　），精神（　），難病（　）
本人の住居環境	(自宅)・ 借家　　(一戸建て)・ 集合住宅　　自室（(有)〈 2 階建ての 1 階〉・ 無） エレベーター（有 ・(無)）　　住宅改修（(有)・ 無） 浴室（(有)・ 無）　　便所（(洋式)・ 和式） 段差の問題（有 ・(無)）　　床材，じゅうたんの状況（ フローリング ・(畳)） 照明の状況（**問題なし**　　　　　）　　履物の状況（**問題なし**　　　　　　）
経済状況	国民年金 ・ 厚生年金 ・(遺族年金)・ 障害年金 ・ 生活保護

緊急連絡先	氏名	続柄	住所・連絡先
	○○○○	長女	○○市○○町×丁目○-○ （携帯電話）090-××××-×××× (E-mail) ni××@di×g
	○○○○	次女	△△県△△市△△町×丁目○-○ （携帯電話）090-××××-×××× (E-mail) ni××@di×g

家族情報

◎=本人，○=女性，□=男性
●■=死亡，☆=キーパーソン
（同居家族は◌で囲む）

■—◎（91歳）
　├─○—□（62歳）
　└─○（65歳）☆　□

〈介護予防に関する事項〉

今までの生活	23歳の時に職場の5歳上の男性と結婚。以来，現住所地で暮らしている。結婚後は専業主婦で，自宅敷地内にある家庭菜園で野菜や花を育てていた。しかし，両膝の膝関節症を患ってからはやめてしまった。10年前に3年間介護してきた夫が亡くなる。夫を介護している間に自宅の住宅改修（玄関上がり框，トイレ，浴室，廊下の手すり設置など）を行っている。 5年前までは地域の童謡コーラスに参加していたが，同世代の友人が次々と亡くなったため，参加しなくなった。その後は閉じこもりがちの生活をしている。市内に住む長女が1日おきに来て，家事（買い物，掃除，洗濯，調理）を手伝っている。隣県に住む次女は，夫の両親の介護があるため，盆と正月に来る程度である。			
現在の生活状況 どんな暮らしを送っているか	1日の生活・過ごし方			趣味・楽しみ・特技
	朝食（ご飯と味噌汁など）を準備し，仏様のお世話をするのが日課。朝食後は居間でラジオを聴いて過ごす。白内障が進行し，徐々に見えにくくなっている。1日おきに長女が来て家事を手伝ってくれる。長女がいる間に入浴をし，時々声をかけてもらうようにしている。体はなんとか自分で洗えている。			・ラジオ（音楽放送や家庭生活の情報番組が好き） ・童謡と演歌が好きで，CDを聴く 以前は編み物なども好きだったが，老眼が進み徐々にしなくなった。
	時間	本人	介護者・家族	友人・地域との関係
	7：00 8：00 9：00 12：00 13：00 14：00 18：00 21：00	起床 朝食 ラジオ 昼食 ラジオ 入浴 夕食 就寝	朝食準備・仏様のお世話 ゆったり過ごす ゆったり過ごす 1時間ほど横になる 長女が来た時に入浴する（時々声をかけてもらいながら） 長女が作ってくれたものを温めて食べる。	5年前まで地域の童謡コーラスのグループに参加していたが，一緒に参加していた友人が亡くなったのを機に，行かなくなった。その後は隣近所の人と付き合う程度。長女が両隣の人に声をかけているため，日頃から気にかけてくれている。

〈現病歴・既往歴と経過〉（新しいものから書く・現在の状況に関連するものは必ず書く）

年月日	病名	医療機関・医師名 （主治医・意見作成者に☆）			経過	治療中の場合は内容
○○○○年 8月23日	心筋梗塞	○○総合病院	○○医師☆	TEL	(治療中) 経観中 その他	内服
○○○○年 8月16日	肺炎	○○総合病院	△△医師	TEL	治療中 経観中 (その他)	肺炎は治癒しており，現在は治療なし。
○○○○年 10月10日	高血圧	○○総合病院	○○医師	TEL	(治療中) 経観中 その他	内服
不明	両膝膝関節症	○○総合病院	××医師	TEL	治療中 (経観中) その他	

〈現在利用しているサービス〉

公的サービス	非公的サービス
民生委員の定期訪問，高齢福祉相談員の訪問	

基本チェックリスト

No.	質問項目	回答 (いずれかに○を お付けください)		点数	事業 対象者 判定
1	バスや電車で1人で外出していますか	0.はい	⓵.いいえ	**4**/5	
2	日用品の買い物をしていますか	0.はい	⓵.いいえ		
3	預貯金の出し入れをしていますか	0.はい	⓵.いいえ		
4	友人の家を訪ねていますか	0.はい	⓵.いいえ		
5	家族や友人の相談にのっていますか	⓪.はい	1.いいえ		
6	階段を手すりや壁をつたわらずに昇っていますか	0.はい	⓵.いいえ	**5**/5	3点〜 該当
7	椅子に座った状態から何もつかまらずに立ち上がっていますか	0.はい	⓵.いいえ		
8	15分位続けて歩いていますか	0.はい	⓵.いいえ		
9	この1年間に転んだことがありますか	⓵.はい	0.いいえ		
10	転倒に対する不安は大きいですか	⓵.はい	0.いいえ		
11	6カ月間で2〜3kg以上の体重減少がありましたか	⓵.はい	0.いいえ	**1**/2	2点〜 該当
12	身長（147）cm，体重（45）kg ⇒ BMI＝（20.8）※（注）参照				
13	半年前に比べて固いものが食べにくくなりましたか	⓵.はい	0.いいえ	**2**/3	2点〜 該当
14	お茶や汁物等でむせることがありますか	1.はい	⓪.いいえ		
15	口の渇きが気になりますか	⓵.はい	0.いいえ		
16	週に1回以上は外出していますか	0.はい	⓵.いいえ	**2**/2	「16」が 「いいえ」 で該当
17	昨年と比べて外出の回数が減っていますか	⓵.はい	0.いいえ		
18	周りの人から「いつも同じ事を聞く」などの物忘れがあると言われますか	1.はい	⓪.いいえ	**0**/3	1点〜 該当
19	自分で電話番号を調べて，電話をかけることをしていますか	⓪.はい	1.いいえ		
20	今日が何月何日かわからない時がありますか	1.はい	⓪.いいえ		
（注）BMI＝体重（kg）÷身長（m）÷身長（m）が 18.5未満の場合に1点とする。		小計		**14**/20	No.1〜20の 合計が 10点〜 生活機能全般 で該当
21	（ここ2週間）毎日の生活に充実感がない	1.はい	⓪.いいえ	**1**/5	2点〜 該当
22	（ここ2週間）これまで楽しんでやれていたことが楽しめなくなった	1.はい	⓪.いいえ		
23	（ここ2週間）以前は楽にできていたことが今ではおっくうに感じられる	⓵.はい	0.いいえ		
24	（ここ2週間）自分が役に立つ人間だと思えない	1.はい	⓪.いいえ		
25	（ここ2週間）わけもなく疲れたような感じがする	1.はい	⓪.いいえ		

運動機能 / 栄養状態 / 口腔機能 / 閉じこもり / 認知機能 / うつ病の可能性

興味・関心チェックシート

生活行為	している	してみたい	興味がある	生活行為	している	してみたい	興味がある
自分でトイレへ行く	○			生涯学習・歴史	×		
一人でお風呂に入る	○			読書	×		
自分で服を着る	○			俳句	×		
自分で食べる	○			書道・習字	×		
歯磨きをする	○			絵を描く・絵手紙	×		
身だしなみを整える（外出の機会は減ってしまった）	○			パソコン・ワープロ	×		
好きなときに眠る	○			写真	×		
掃除・整理整頓		○		映画・観劇・演奏会　宝塚は大好き			○
料理を作る	○			お茶・お花（花は大好き）			○
買い物（本屋で絵本を買いたい）		○		歌を歌う・カラオケ　持ち歌は美空ひばり		○	
家や庭の手入れ・世話（長女に頼みづらい）		○		音楽を聴く・楽器演奏　由紀さおり姉妹	○		
洗濯・洗濯物たたみ	×			将棋・囲碁・麻雀・ゲーム等	×		
自転車・車の運転	×			体操・運動　NHKの体操		○	
電車・バスでの外出	×			散歩　長女と〇〇駅まで（約0.5km）		○	
孫・子供の世話	×			ゴルフ・グランドゴルフ・水泳・テニスなどのスポーツ	×		
動物の世話	×			ダンス・踊り	×		
友達とおしゃべり・遊ぶ（相手が減った）			○	野球・相撲等観戦　かつては北の富士の大ファン			○
家族・親戚との団らん	○			競馬・競輪・競艇・パチンコ			
デート・異性との交流				編み物　) 20代はよくやった		○	
居酒屋に行く				針仕事		○	
ボランティア	×			畑仕事	×		
地域活動（町内会・老人クラブ）			○	賃金を伴う仕事	×		
お参り・宗教活動（夫の墓参り）		○		旅行・温泉　草津か伊香保		○	
その他（　　　　　　）				その他（　　　　　　）			
その他（　　　　　　）				その他（　　　　　　）			

※生活行為の○印は，該当する項目　　※「している」の×印は，いずれも該当なし　　※赤字は聞き取り時のメモ

課題整理総括表

利用者名	○○○○ 殿		

自立した日常生活の阻害要因 （心身の状態，環境等）	①心筋梗塞によるめまいと脱力感	②膝の痛みによる歩行時の不安定	
	④加齢による体力の低下	⑤つまずく頻度が高くなっている	

	状況の事実	現在	要因	改善/維持の可能性
移動	室内移動	自立 (見守り) 一部介助 全介助	①, ②, ④	(改善) 維持 悪化
	屋外移動	自立 (見守り) 一部介助 全介助	①, ②, ③, ④	(改善) 維持 悪化
食事	食事内容	(支障なし) 支障あり		改善 維持 悪化
	食事摂取	(自立) 見守り 一部介助 全介助		改善 維持 悪化
	調理	自立 見守り (一部介助) 全介助	①, ②, ④, ⑤	改善 (維持) 悪化
排泄	排尿・排便	(支障なし) 支障あり		改善 維持 悪化
	排泄動作	(自立) 見守り 一部介助 全介助		改善 維持 悪化
口腔	口腔衛生	(支障なし) 支障あり		改善 維持 悪化
	口腔ケア	(自立) 見守り 一部介助 全介助		改善 維持 悪化
	服薬	(自立) 見守り 一部介助 全介助		改善 維持 悪化
	入浴	自立 (見守り) 一部介助 全介助	①, ②, ③	改善 (維持) 悪化
	更衣	(自立) 見守り 一部介助 全介助		改善 維持 悪化
	掃除	自立 見守り (一部介助) 全介助	①, ②, ④, ⑤	改善 (維持) 悪化
	洗濯	自立 見守り (一部介助) 全介助	①, ②, ④	改善 (維持) 悪化
	整理・物品の管理	自立 見守り (一部介助) 全介助	①, ②, ④	改善 (維持) 悪化
	金銭管理	自立 見守り (一部介助) 全介助	⑤	改善 (維持) 悪化
	買い物	自立 見守り (一部介助) 全介助	①, ②, ④	改善 (維持) 悪化
	コミュニケーション能力	(支障なし) 支障あり		改善 維持 悪化
	認知	(支障なし) 支障あり		改善 維持 悪化
	社会との関わり	支障なし (支障あり)	①, ④, ⑥	改善 (維持) 悪化
	褥瘡・皮膚の問題	(支障なし) 支障あり		改善 維持 悪化
	行動・心理症状（BPSD）	(支障なし) 支障あり		改善 維持 悪化
	介護力（家族関係含む）	(支障なし) 支障あり		改善 維持 悪化
	居住環境	(支障なし) 支障あり		改善 維持 悪化
				改善 維持 悪化

作成日　〇〇〇〇年　〇月　〇日

		利用者及び家族の生活に対する意向	本人：リハビリテーションをして自宅での生活を続けたい。簡単な調理などを行える体力を保ちたい。	
	③外出機会の減少による閉じこもり			
	⑥旧知の友人たちの他界			

	備考（状況・支援内容等）	見通し	生活全般の解決すべき課題（ニーズ）【案】	優先順位
	杖歩行だが、つまずくことが増えた。	・定期的にリハビリテーションを行い、転倒を予防することができる。	室内は自分で自立して移動でき、調理や外出もできるようになる。	2
	杖歩行で付き添いがあれば、ゆっくり15分程度は可能。			
	ご飯と味噌汁は自分で作れる。長女がおかずなどを作り置きしている。固い食材は細かくしている。	・リハビリテーションをすることにより、調理の時にしっかりとした立位がとれるようになる。		
	パッドは使用しているが、自分で処理できている。			
			心筋梗塞や高血圧が安定し、健康的な生活が送れるようになる。	1
	自分でセットし、長女が確認する。			
	長女が訪問する際に入浴する。			
	長女が行っているが、本人もやれるようになりたい。		長女以外の人とも会い、話す機会を持つ。	3
	長女が行い、本人がたたんでタンスにしまっている。			
	長女が行っている。			
	長女が一緒に買い物に出かけることもある。			
	童謡コーラスグループに参加しなくなってからは、自宅に閉じこもりがち。	・通所リハビリテーションを利用し、定期的に外出する機会をつくる。近所への外出もできるようになる。		

介護予防サービス・支援計画書

●目標とする生活

1日	1日1回好きな具の味噌汁を作る（台所に立ち，簡単な調理ができる体力・筋力を維持する）。

●支援計画

アセスメント領域と現在の状況	本人・家族の意欲・意向	領域における課題（背景・原因）	総合的課題	課題に対する目標と具体策の提案	具体策についての意向 本人・家族
運動・移動 両膝に関節症があり，屋内外ともに杖歩行。自宅は日本家屋で段差が多いが，玄関の上がり框，トイレ，浴室，廊下には手すりが設置されている。最近，室内でつまずきやすくなっている。畳の部屋がほとんどのため，大事には至っていない。	本人：つまずきやすくなった。足が上がっていないと思う。足の筋力をつけたい。 長女：足の筋力をつけて，歩行が安定するようになってほしい。	■有 □無 通院以外の外出がほとんどなく，屋内の活動も減っており，下肢の筋力低下が見られる。	閉じこもりがちの生活のため活動が減り，筋力・体力の低下が見られる。家族以外の人との交流もなく，生活が不活発化し意欲の低下が見られる。	目標：健康面に配慮しながら，定期的に運動をする機会をつくり，筋力・体力を維持・向上させる。自分のペースで移動して転倒を予防し，自宅での生活を継続できる。 具体策： ①身体状況に合ったリハビリテーションを定期的に行う。 ②簡単な家事を続ける。 ③肺炎予防のため，口腔体操を取り入れる。	本人：外出することは少し不安もあるが，楽しみでもある。早く慣れて楽しく過ごせるようになりたい。 長女：定期的に外に出る機会が5年間ぐらいなかったので，徐々に慣れていってほしい。
日常生活（家庭生活） 一人暮らし。買い物，掃除，洗濯，調理などの家事は，市内に住む長女が1日おきに支援している。ご飯を炊く，味噌汁を作る，温めるなどの簡単な調理は自分で行う。入浴は長女が来た時に昼間に入るようにしている。	本人：身の回りのことが続けられるようにしたい。自宅で過ごしたい。 長女：母の前向きな気持ちをかなえたい。	□有 ■無 体力・筋力の低下により，家事は支援が必要。現在は市内に住む長女が1日おきに支援してくれている。			
社会参加・対人関係・コミュニケーション 5年前まで童謡コーラスのグループに参加していた。娘たち以外との会話がない。	本人：友人がいなくなって寂しい。長女が来てくれるので，ありがたいと思っている。 長女：家族以外の人と交流できるとよい。	■有 □無 家族以外の人と交流する機会がない。			
健康管理 高血圧。3カ月前に肺炎で入院後，心筋梗塞を発症。その後は，月に1回循環器科に定期受診し，内服薬の管理は自分でカレンダーにセットし，長女が確認している。	本人：年を重ねるごとに体力が落ちてきた。病気で入院したくない。 長女：心筋梗塞後なので心配。再発しないようにしたい。	□有 ■無 定期受診や服薬はできている。			

●健康状態について

□主治医意見書，生活機能評価等を踏まえた留意点

高血圧，心筋梗塞の既往あり。運動や入浴については，状態観察をしてから行ってください。
適度な運動をし，筋力・体力維持を図ってください。

基本チェックリストの(該当した質問項目数)／(質問項目数)をお書きください。
地域支援事業の場合は必要なプログラムの枠内の数字に○印をつけてください。

	運動不足	栄養改善	口腔内ケア	閉じこもり予防	物忘れ予防	うつ予防
予防給付または地域支援事業	⑤/5	1/2	②/3	②/2	0/3	1/5

1年	長女・次女と1泊2日で○○温泉の旅行ができる。

目標	支援計画					
	目標についての支援のポイント	本人等のセルフケアや家族の支援,インフォーマルサービス	介護保険サービスまたは地域支援事業	サービス種別	事業所	期間
1．健康面に配慮しながら,定期的に運動をする機会をつくり,筋力・体力を維持・向上させる。 2．転倒を予防しながら安全に地域でも移動し,自宅での生活を継続できる。	リハビリテーションは,身体の状況を確認して行い,体調の悪い時は無理をしないようにする。	本人：体調を見ながら自宅でできる運動を行う。 長女：簡単な調理や洗濯物を畳むなど,現在できている家事を手伝う。	【介護保険サービス】 ・本人の身体状況や下肢筋力に留意した運動が継続できるよう助言を行う。 ・運動の指導・助言を行う。 ・転倒予防のアドバイスをする。 ・下肢筋力アップのリハビリテーションを行う。 ・定期的に運動機能の評価・身体状況の確認を行い,体調不良時は,長女から本人に連絡をしてもらう。	通所リハビリテーション（運動機能向上加算）	○○事業所	○○○○年12月〜○○○○年12月（3カ月ごとに評価）

【本来行うべき支援ができない場合】
妥当な支援の実施に向けた方針

総合的な方針：生活不活発病の改善・予防のポイント

通所リハビリテーションを通じて適度な運動を行い,体力・筋力を維持・回復させ,自宅での生活を続けられるよう支援していきます。

計画に関する同意

上記計画について,同意いたします。

○○○○年○月○日　　　氏名　○○○○　印

地域包括支援センター	【意見】
	【確認印】

事例 4	右手の手根管症候群の痺れを生活リハビリテーションで改善し，家事の自立を目指す	性別	女性
		年齢	83歳
		障害高齢者自立度	J1
		認知症自立度	自立

(初回)・紹介・継続　　(認定済)・申請中　　(要支援1)・要支援2

	病名（主なもの）	概要：スポーツが好きで人付き合いも良かった。3年前に夫を亡くしたころから高血圧症がひどくなり，不安神経症が発症した時や汗ばむ程度の運動をした時は，血圧が180mmHg台まで上昇する。歩きすぎると血圧が上がりふらついてしまうため，今は外出を控えがちである。手根管症候群と診断されているのは右手だけだが，両手が常に痺れている。特に右手は痛みが強く，包丁や掃除機が握れない，ぞうきんやふきんを絞ることができないなど，家事に支障を来している。
既往歴	子宮筋腫	
現病歴	変形性膝関節症，高血圧症，右手根管症候群，不安神経症	

利用者基本情報

〈基本情報〉

本人の現況	(在宅)・入院または入所中（　　　　　　　　　　　　　　　　　　　　　）
障害等認定	身障（　），療育（　），精神（　），難病（　）
本人の住居環境	(自宅)・借家　(一戸建て)・集合住宅　自室（(有)〈1階建ての1階〉・無） エレベーター（有・(無)）　住宅改修（有・(無)） 浴室（(有)・無）　便所（(洋式)・和式） 段差の問題（有・(無)）　床材，じゅうたんの状況（(フローリング)・畳） 照明の状況（問題なし　　　　　　）　履物の状況（問題なし　　　　　　　　　）
経済状況	国民年金・(厚生年金)・障害年金・生活保護

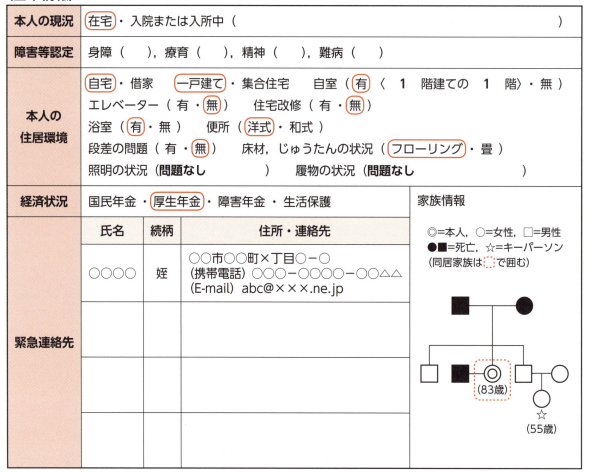

家族情報

◎=本人，○=女性，□=男性
●■=死亡，☆=キーパーソン
（同居家族は で囲む）

緊急連絡先	氏名	続柄	住所・連絡先
	○○○○	姪	○○市○○町×丁目○-○ （携帯電話）○○○-○○○○-○○△△ (E-mail) abc@×××.ne.jp

〈介護予防に関する事項〉

今までの生活	公務員の父と専業主婦の母の間に，3人兄弟の長女として生まれる。スポーツ好きの父の影響で，テニス，水泳，スキー，スケートなどスポーツ全般を得意としていた。女学校を卒業後，郵便局員として働き，同僚の男性と結婚。子どもはいない。定年後は，夫婦で旅行を楽しんでいたが，4年前夫が散歩中に転倒して骨折したのを機に要介護状態になり，半年間の療養生活の後に亡くなった。また，3年前から手根管症候群により右手の痺れと痛みがひどくなっている。			
現在の生活状況 どんな暮らしを送っているか	1日の生活・過ごし方			趣味・楽しみ・特技
	日中は，書道教室で習った習字を日課としているが，右手の痺れにより長い時間は続けられない。料理サークルの仲間たちと近くの和食店へ食事に出かけることもあるが，最近は足腰が弱くなってきたため移動がおっくうになっている。			週1回，福祉センターの書道教室に通う。月1回，寿司店で開催されるまちかどサロンに参加し，作業療法士から生活リハビリテーションを教わる。半年に1回友人と夫との思い出の地（○○温泉）へ旅行していたが，最近は血圧が心配で躊躇している。
	時間	本人	介護者・家族	友人・地域との関係
	5：00 7：00 12：00 13：00 14：00 18：00 22：00	起床 朝食 昼食 趣味活動 昼寝 夕食 就寝	毎週1回（月曜日）8時45分から9時30分まで，介護ヘルパーが来宅し，本人と一緒に室内清掃を行っている。最近は，隣接市に住む姪が週1回は顔を出してくれるようになったので，一緒に買い物をしたり，寿司の出前を取って食事をしたりしている。	女学校時代の仲間や料理サークルの友人と電話で雑談をしたり，外食を楽しんだりしている。誰とでも仲良くなれるが，人付き合いが良すぎるため，新興宗教の信者である友人が家に出入りするようになり，入会の誘いを断れず困っている。

〈現病歴・既往歴と経過〉（新しいものから書く・現在の状況に関連するものは必ず書く）

年月日	病名	医療機関・医師名 （主治医・意見作成者に☆）			経過	治療中の場合は内容
○○○○年 4月1日	右手根管症候群	○○中央病院	○○医師	TEL	(治療中) 経観中 その他	服薬 ○○○○年9月に手術を予定
○○○○年 6月1日	不安神経症	○○中央病院	○○医師	TEL	(治療中) 経観中 その他	不安時に服薬
○○○○年 8月1日	高血圧症	○○中央病院	△△医師☆	TEL	(治療中) 経観中 その他	服薬 月1回定期健診
○○○○年 9月1日	両足変形性膝関節症	○○整形外科クリニック	××医師	TEL	(治療中) 経観中 その他	服薬

〈現在利用しているサービス〉

公的サービス	非公的サービス
総合事業：現行相当訪問介護サービス　週1回（月）	寿司店で開催されるまちかどサロン 福祉センターの書道教室 折り紙教室（年2回）

基本チェックリスト

	No.	質問項目	回答 (いずれかに○を お付けください)		点数	事業対象者判定
	1	バスや電車で１人で外出していますか	(0.はい)	1.いいえ	0/5	
	2	日用品の買い物をしていますか	(0.はい)	1.いいえ		
	3	預貯金の出し入れをしていますか	(0.はい)	1.いいえ		
	4	友人の家を訪ねていますか	(0.はい)	1.いいえ		
	5	家族や友人の相談にのっていますか	(0.はい)	1.いいえ		
運動機能	6	階段を手すりや壁をつたわらずに昇っていますか	0.はい	(1.いいえ)	3/5	3点～該当
	7	椅子に座った状態から何もつかまらずに立ち上がっていますか	0.はい	(1.いいえ)		
	8	15分位続けて歩いていますか	(0.はい)	1.いいえ		
	9	この１年間に転んだことがありますか	1.はい	(0.いいえ)		
	10	転倒に対する不安は大きいですか	(1.はい)	0.いいえ		
栄養状態	11	６カ月間で２～３kg以上の体重減少がありましたか	1.はい	(0.いいえ)	0/2	2点～該当
	12	身長（143）cm，体重（49）kg ⇒ BMI＝（23）※（注）参照				
口腔機能	13	半年前に比べて固いものが食べにくくなりましたか	(1.はい)	0.いいえ	2/3	2点～該当
	14	お茶や汁物等でむせることがありますか	1.はい	(0.いいえ)		
	15	口の渇きが気になりますか	(1.はい)	0.いいえ		
閉じこもり	16	週に１回以上は外出していますか	(0.はい)	1.いいえ	1/2	「16」が「いいえ」で該当
	17	昨年と比べて外出の回数が減っていますか	(1.はい)	0.いいえ		
認知機能	18	周りの人から「いつも同じ事を聞く」などの物忘れがあると言われますか	1.はい	(0.いいえ)	0/3	1点～該当
	19	自分で電話番号を調べて，電話をかけることをしていますか	(0.はい)	1.いいえ		
	20	今日が何月何日かわからない時がありますか	1.はい	(0.いいえ)		
	（注）BMI＝体重（kg）÷身長（m）÷身長（m）が18.5未満の場合に１点とする。		小計		6/20	No.1～20の合計が10点～生活機能全般で該当
うつ病の可能性	21	（ここ２週間）毎日の生活に充実感がない	1.はい	(0.いいえ)	1/5	2点～該当
	22	（ここ２週間）これまで楽しんでやれていたことが楽しめなくなった	1.はい	(0.いいえ)		
	23	（ここ２週間）以前は楽にできていたことが今ではおっくうに感じられる	(1.はい)	0.いいえ		
	24	（ここ２週間）自分が役に立つ人間だと思えない	1.はい	(0.いいえ)		
	25	（ここ２週間）わけもなく疲れたような感じがする	1.はい	(0.いいえ)		

興味・関心チェックシート

生活行為	している	してみたい	興味がある	生活行為	している	してみたい	興味がある
自分でトイレへ行く	○			生涯学習・歴史	○		
一人でお風呂に入る	○			読書	○		
自分で服を着る	○			俳句	×		
自分で食べる	○			書道・習字（週1回の書道サークル）→発表会！	○		
歯磨きをする	○			絵を描く・絵手紙	×		
身だしなみを整える	○			パソコン・ワープロ	×		
好きなときに眠る	○			写真	×		
掃除・整理整頓（ぞうきんがけは×）	○			映画・観劇・演奏会	×		
料理を作る（料理サークル）	○			お茶・お花	×		
買い物	○			歌を歌う・カラオケ	×		
家や庭の手入れ・世話	○			音楽を聴く・楽器演奏	○		
洗濯・洗濯物たたみ	○			将棋・囲碁・麻雀・ゲーム等	×		
自転車・車の運転（手の痺れ）		○		体操・運動	×		
電車・バスでの外出	○			散歩	○		
孫・子供の世話	○			ゴルフ・グランドゴルフ・水泳・テニスなどのスポーツ（スポーツは好き）			○
動物の世話	×			ダンス・踊り	×		
友達とおしゃべり・遊ぶ（料理サークル）	○			野球・相撲等観戦	×		
家族・親戚との団らん	○			競馬・競輪・競艇・パチンコ	×		
デート・異性との交流	○			編み物	×		
居酒屋に行く	×			針仕事	×		
ボランティア	×			畑仕事	×		
地域活動（町内会・老人クラブ）		○		賃金を伴う仕事	×		
お参り・宗教活動（友人の誘い）	○			旅行・温泉（夫と行った○○温泉）		○	
その他（　　　　　）				その他（　　　　　）			
その他（　　　　　）				その他（　　　　　）			

※生活行為の○印は，該当する項目　　※「している」の×印は，いずれも該当なし　　※赤字は聞き取り時のメモ

課題整理総括表

利用者名	○○○○ 殿		
自立した日常生活の阻害要因（心身の状態，環境等）	①手根管症候群による手の痺れと痛み	②高血圧によるふらつき	
	④変形性膝関節症による膝の痛み	⑤一人暮らし	

状況の事実		現在	要因	改善/維持の可能性
移動	室内移動	(自立) 見守り 一部介助 全介助		改善 維持 悪化
	屋外移動	(自立) 見守り 一部介助 全介助		改善 維持 悪化
食事	食事内容	(支障なし) 支障あり		改善 維持 悪化
	食事摂取	(自立) 見守り 一部介助 全介助		改善 維持 悪化
	調理	自立 見守り (一部介助) 全介助	①, ②, ④	(改善) 維持 悪化
排泄	排尿・排便	(支障なし) 支障あり		改善 維持 悪化
	排泄動作	(自立) 見守り 一部介助 全介助		改善 維持 悪化
口腔	口腔衛生	(支障なし) 支障あり		改善 維持 悪化
	口腔ケア	(自立) 見守り 一部介助 全介助		改善 維持 悪化
服薬		(自立) 見守り 一部介助 全介助		改善 維持 悪化
入浴		(自立) 見守り 一部介助 全介助		改善 維持 悪化
更衣		(自立) 見守り 一部介助 全介助		改善 維持 悪化
掃除		自立 見守り (一部介助) 全介助	①, ④	(改善) 維持 悪化
洗濯		(自立) 見守り 一部介助 全介助		改善 維持 悪化
整理・物品の管理		自立 見守り (一部介助) 全介助	①, ④	(改善) 維持 悪化
金銭管理		(自立) 見守り 一部介助 全介助		改善 維持 悪化
買い物		(自立) 見守り 一部介助 全介助		改善 維持 悪化
コミュニケーション能力		(支障なし) 支障あり		改善 維持 悪化
認知		(支障なし) 支障あり		改善 維持 悪化
社会との関わり		支障なし (支障あり)	②, ③, ④, ⑤	(改善) 維持 悪化
褥瘡・皮膚の問題		(支障なし) 支障あり		改善 維持 悪化
行動・心理症状（BPSD）		(支障なし) 支障あり		改善 維持 悪化
介護力（家族関係含む）		支障なし (支障あり)	⑤	(改善) 維持 悪化
居住環境		(支障なし) 支障あり		改善 維持 悪化
趣味		支障なし (支障あり)	①, ④	(改善) 維持 悪化

作成日　〇〇〇〇年　〇月　〇日

	利用者及び家族の生活に対する意向	本人：元気な間は好きな書道教室やまちかどサロンに通い続けて，ふさぎ込まない生活を送りたい。	
③不安神経症による動悸			
⑥			

備考（状況・支援内容等）	見通し	生活全般の解決すべき課題（ニーズ）【案】	優先順位
右手の痺れと痛みのために包丁などを十分に使えない。膝の痛みがあるので長い時間立位がとれない。	・作業療法士から調理器具の種類や使用方法について助言を受ける。また，手術をすることにより，痺れと痛みは改善する可能性が高く，自分でできることが増える。	包丁を使用した調理ができるようになる。	2
		両手の痺れが軽減することにより，身の回りの掃除ができるようになる。	3
右手に痺れや痛みがあるため，掃除機を持つ，ぞうきんを絞るなどができない。 物が握れず，足腰の筋力が弱って立ち座り動作もつらい。	・作業療法士から清掃道具の種類や使用方法の助言を受ける。手術をすることにより，痺れと痛みは改善する予定。 ・作業療法士による生活リハビリテーションを行うことにより，整理・整頓が自分でできるようになる。	室内の整理・整頓や掃除ができるように，握力と足腰の筋力を取り戻す。	4
血圧が不安定になる時は，外出の頻度が減る。	・血圧を測りながら，体調を見て活動する。血圧が上がる原因を増やさない。定期的に受診し，医師から高血圧のアドバイスを受ける。	血圧がコントロールでき，安定した体調を維持する。	1
姪の訪問回数が増え，負担が重くなっている。 右手に痺れと痛みがあるため，書道に支障がある。		好きな書道や人との集まりに出かけられる。	5

介護予防サービス・支援計画書

●目標とする生活

1日	1日1回，天気の良い日は20分程度の散歩やスーパー○○などに買い物に出かけ，足腰を丈夫にする。

●支援計画

アセスメント領域と現在の状況	本人・家族の意欲・意向	領域における課題（背景・原因）	総合的課題	課題に対する目標と具体策の提案	具体策についての意向 本人・家族
運動・移動 両足に変形性膝関節症があり，動作中に膝が"ガクン"と抜けることがある。立ち上がりの際，左膝に痛みがある。	本人：足腰が弱ったと実感している。できるだけ人に頼らず自分の足で歩いて出かけたい。	■有 □無 膝の力が抜けるなど，動作に不安があり，行動の機会が少なくなっている。	・手根管症候群のため，右手に痺れや痛みがあり，細かい動作がしにくい。 ・変形性膝関節症のため，膝折れの不安があり，行動の機会が減っている。 ・友人との関係や気候により，ストレスや血圧が高くなり，ふらつくことが行動を控えさせることになり，足腰が弱る原因にもなっている。	（目標1） 1日1回，片付けや清掃ができるような握力・足腰の筋力をつける。 （具体策） ①右手や膝に負荷をかけず手軽に行える清掃・調理の仕方を教わる。 ②書道教室やまちかどサロン，創作などの活動への参加を継続する。 （目標2） 高血圧の服薬管理と心の平静を保つことで，心も体も安定した体調を維持する。 （具体策） ①定期受診と血圧上昇時に医師から指示された頓服薬を内服する。 ②横になり，気持ちを落ち着かせる。 ③友人に自分の意思を明確に伝える。難しければ，姪に相談する。	1. 本人：作業療法士が一人でも家事ができるようにと清掃道具の使い方やゴボウの皮むきの仕方をアドバイスしてくれるなら頑張りたい。 本人：書道教室とまちかどサロンに通い続けたい。 2. 本人：慌てると返って血圧が上がるので，気持ちを落ち着かせるように心がける。 友人の誘いを断りたい。自分の意思を友人に伝えようと思う。 姪：私も立ち会ってもよい。
日常生活（家庭生活） 右手に痺れや痛みがあるため，ぞうきんが絞れず掃除機も握れない。作業療法士の助言を受けながら調理や水回りの清掃はできる。	本人：手に痺れがあるが，作業療法士がアドバイスしてくれれば何とか一人で家事ができる。	■有 □無 負荷のかからない家事であれば，もっと自立できる可能性がある。			
社会参加・対人関係・コミュニケーション 書道教室やまちかどサロンに通うのが楽しみ。作業療法士が生活に役立つ技術やアイデアを教えてくれる。外出がおっくうになっている。	本人：ふさぎ込まないように家でも習字を続けている。まちかどサロンで作業療法士に会うのが楽しみ。	■有 □無 右手に痺れや痛みがあるので，書道などの細かい動作がしにくくなっている。			
健康管理 血圧が180mmHg台まで上昇。頓服薬を内服したが，その後もふらつきが治まらず数日間寝込んだ。	本人：友人の宗教の誘いを断れずストレスで血圧が上がることがある。	■有 □無 友人の宗教の誘いを断ることができず，気持ちの負担や気候の変化などで血圧が上昇する。			

●健康状態について

□主治医意見書，生活機能評価等を踏まえた留意点

血圧が180mmHg台まで上昇した時には慌てずに時間をかけてゆっくり下げるようにしましょう。定期的に受診し血圧のコントロールをしていきましょう。

基本チェックリストの(該当した質問項目数)／(質問項目数)をお書きください。
地域支援事業の場合は必要なプログラムの枠内の数字に○印をつけてください。

	運動不足	栄養改善	口腔内ケア	閉じこもり予防	物忘れ予防	うつ予防
予防給付または地域支援事業	③/5	0/2	2/3	1/2	0/3	1/5

	1年	趣味の書道教室で作品を発表したり，憩いの場であるまちかどサロンに継続して行ったりして，皆さんとの交流を通して心も体も元気になる。友人と夫の思い出の地である○○温泉に旅行に行く。

目標	支援計画					
	目標についての支援のポイント	本人等のセルフケアや家族の支援，インフォーマルサービス	介護保険サービスまたは地域支援事業	サービス種別	事業所	期間
1．1日1回，清掃をして適度に体を動かし，握力・足腰の筋力の向上を目指す。	道具の使い方を工夫し，掃除や調理など，自立できるように声かけをする。	本人：ヘルパーから掃除や調理の法を教わる。姪：手根管症候群は主治医と相談して手術の予定を決める。	【地域支援事業】ぞうきんが絞れなくてもウエットシートを使ったモップを活用し，一人でも清掃できるような方法を指導する。	【介護予防・日常生活総合支援事業】訪問型サービス	○○訪問介護サービス【提供月】毎週月曜日午前8時45分～9時30分	○○○○年7月1日～○○○○年6月30日
		本人：まちかどサロンで教わった生活リハビリテーションを家でも実践する。	【地域支援事業】まちかどサロンで作業療法士から生活リハビリテーションを学ぶ。	①まちかどサロン（作業療法士○○先生）②○○書道教室	①○○寿司店②福祉センター	○○○○年7月1日～○○○○年6月30日
2．書道教室やまちかどサロンで作品を発表する。	右手の痺れや痛みに配慮したリハビリテーションを行う。	本人：無理なく書道の練習をする。	【地域支援事業】まちかどサロンで作業療法士から筆が使えるようになるリハビリテーションを学ぶ。	①まちかどサロン（作業療法士○○先生）②○○書道教室	①○○寿司店②福祉センター	○○○○年7月1日～○○○○年6月30日

【本来行うべき支援ができない場合】
妥当な支援の実施に向けた方針

総合的な方針：生活不活発病の改善・予防のポイント

身の回りのことや健康管理（セルフケア）を行い，血圧の安定を図っていきましょう。また，握力や移動能力の低下による転倒・骨折を予防できるよう，作業療法士から生活リハビリテーションのアドバイスをもらい，日常生活で生かしましょう。

地域包括支援センター	【意見】
	【確認印】

計画に関する同意

上記計画について，同意いたします。

　　○○○○年6月29日　　　氏名　○○○○　印

事例 5	仕事人間だったが退職後に認知症を発症。1年後の温泉旅行を目指す	性別	**男性**
		年齢	**76歳**
		障害高齢者自立度	A1
		認知症自立度	Ⅱa

(初回)・紹介・継続　　(認定済)・申請中　　要支援1・(要支援2)

既往歴	病名（主なもの）	概要：6年前に退職し，それを機に自宅で過ごすことが多くなった。今までできていたことや新しいことに徐々に対応できなくなったため，心配した妻が地域包括支援センターに相談した。専門医によるもの忘れ相談で助言を受け，総合病院の神経内科を受診した。アルツハイマー型認知症と診断を受け，認知症の治療が始まる。当初は介護保険サービスの利用を拒否していたが，外出したいと希望したことからデイサービスに通うようになった。現役時代に糖尿病になり，3年前に前立腺がんとなる。
	前立腺がん	
現病歴	アルツハイマー型認知症，糖尿病，腰痛	

利用者基本情報

〈基本情報〉

本人の現況	(在宅)・入院または入所中（　　　　　　　　　　　　　　　　）
障害等認定	身障（　），療育（　），精神（　），難病（　）
本人の住居環境	(自宅)・借家　　(一戸建て)・集合住宅　　自室（(有)〈1 階建ての 1 階〉・無） エレベーター（有・(無)）　　住宅改修（(有)・無） 浴室（(有)・無）　　便所（(洋式)・和式） 段差の問題（有・(無)）　　床材，じゅうたんの状況（(フローリング)・畳） 照明の状況（**問題なし**　　　　　　）　　履物の状況（**問題なし**　　　　　　　　）
経済状況	国民年金・(厚生年金)・障害年金・生活保護

緊急連絡先	氏名	続柄	住所・連絡先
	○○○○	妻	○○市○○町×丁目○-○
	○○○○	長男	△△市○○町×丁目○-○ （携帯電話）○○○-○○○○-○○○○ （E-mail）s○○k@he○○.ne.jp

家族情報

◎=本人，○=女性，□=男性
●■=死亡，☆=キーパーソン
（同居家族は⌇で囲む）

□(76歳) ─ ○(70歳)☆
　　　│
　　　□(45歳)

〈介護予防に関する事項〉

今までの生活	隣県で生まれる。大学卒業後，ガス会社に就職し，26歳の時に仕事で知り合った女性と結婚した。一人息子である長男は，幼いころから病弱で入退院を繰り返してきた。学校卒業後に就職したが，20代で挫折。今は車で30分のところに一人暮らしをしている。本人は，趣味と言えるものはなく，仕事一辺倒の生活を続けてきた。60歳で定年となったが，その後も嘱託社員として社員教育の指導員をしていた。6年前に退職し，そのころから外出しなくなった。自宅でテレビを見て過ごすことが多く，今までできていたことや，新たなことに対応できなくなった。アルツハイマー型認知症を発症し，最近は，もの忘れが増えてきている。		
現在の生活状況（どんな暮らしを送っているか）	1日の生活・過ごし方		趣味・楽しみ・特技
	毎朝起床後，仏壇に手を合わせ，お供えをする。洗面や着替えをし，デイサービスのない日はほとんど自宅で過ごす。腰痛がひどく，居間のソファに座って新聞を読んだりテレビをぼんやりと見たりしている。昼間に飲酒することがあり，飲酒後に入浴して意識を消失したこともある。家事全般は妻が行う。		入浴を好むが，今では促されないと入浴しない。飲酒を好み，妻には「先も長くないから好きにさせてほしい」と言って飲酒している。以前は夫婦で年2回は国内旅行に出かけていた。
	時間	本人	介護者・家族	友人・地域との関係
	6：30 7：00 12：30 17：00 19：00 21：00	起床 朝食 昼食 入浴 夕食 就寝	妻・起床 朝食と薬の準備は妻が行う。 昼食の準備は妻が行う。 妻が入浴を促す。 夕食の準備は妻が行う。 本人と妻の寝室は別で妻の就寝は22時ごろ。	在職中は仕事人間だったため，地域とのかかわりはほとんどない。認知症と診断された後も近所の理容室には自分で予約して通っている。学生時代の友人たちと年に1度集まっていたが，退職後はその集まりにも参加しなくなる。それ以後は家族以外との交流はほとんどない。

〈現病歴・既往歴と経過〉（新しいものから書く・現在の状況に関連するものは必ず書く）

年月日	病名	医療機関・医師名（主治医・意見作成者に☆）			経過	治療中の場合は内容
年　月　日 不明	糖尿病	○○総合病院	○○医師	TEL	**治療中** 経観中 その他	血糖値を下げる薬を内服
○○○○年 10月1日	前立腺がん	○○総合病院	△△医師	TEL	**治療中** 経観中 その他	前立腺がんのホルモン治療薬，前腹部に皮下注射
○○○○年 7月15日	アルツハイマー型認知症	○○総合病院	××医師☆	TEL	**治療中** 経観中 その他	進行を遅らせる
年　月　日					治療中 経観中 その他	

〈現在利用しているサービス〉

公的サービス	非公的サービス
デイサービス	

基本チェックリスト

No.	質問項目	回答（いずれかに○をお付けください）		点数	事業対象者判定
1	バスや電車で1人で外出していますか	0.はい	⦿1.いいえ	4/5	
2	日用品の買い物をしていますか	⦿0.はい	1.いいえ		
3	預貯金の出し入れをしていますか	0.はい	⦿1.いいえ		
4	友人の家を訪ねていますか	0.はい	⦿1.いいえ		
5	家族や友人の相談にのっていますか	0.はい	⦿1.いいえ		
6	階段を手すりや壁をつたわらずに昇っていますか	0.はい	⦿1.いいえ	5/5	3点〜該当
7	椅子に座った状態から何もつかまらずに立ち上がっていますか	0.はい	⦿1.いいえ		
8	15分位続けて歩いていますか	0.はい	⦿1.いいえ		
9	この1年間に転んだことがありますか	⦿1.はい	0.いいえ		
10	転倒に対する不安は大きいですか	⦿1.はい	0.いいえ		
11	6カ月間で2〜3kg以上の体重減少がありましたか	1.はい	⦿0.いいえ	0/2	2点〜該当
12	身長（178）cm，体重（80）kg ⇒ BMI=（25.2）※（注）参照				
13	半年前に比べて固いものが食べにくくなりましたか	1.はい	⦿0.いいえ	1/3	2点〜該当
14	お茶や汁物等でむせることがありますか	1.はい	⦿0.いいえ		
15	口の渇きが気になりますか	⦿1.はい	0.いいえ		
16	週に1回以上は外出していますか	0.はい	⦿1.いいえ	1/2	「16」が「いいえ」で該当
17	昨年と比べて外出の回数が減っていますか	1.はい	⦿0.いいえ		
18	周りの人から「いつも同じ事を聞く」などの物忘れがあると言われますか	⦿1.はい	0.いいえ	3/3	1点〜該当
19	自分で電話番号を調べて，電話をかけることをしていますか	0.はい	⦿1.いいえ		
20	今日が何月何日かわからない時がありますか	⦿1.はい	0.いいえ		

運動機能：6〜10／栄養状態：11〜12／口腔機能：13〜15／閉じこもり：16〜17／認知機能：18〜20

（注）BMI＝体重（kg）÷身長（m）÷身長（m）が18.5未満の場合に1点とする。

	小計	14/20	No.1〜20の合計が10点〜生活機能全般で該当

No.	質問項目			点数	判定
21	（ここ2週間）毎日の生活に充実感がない	⦿1.はい	0.いいえ	4/5	2点〜該当
22	（ここ2週間）これまで楽しんでやれていたことが楽しめなくなった	⦿1.はい	0.いいえ		
23	（ここ2週間）以前は楽にできていたことが今ではおっくうに感じられる	⦿1.はい	0.いいえ		
24	（ここ2週間）自分が役に立つ人間だと思えない	⦿1.はい	0.いいえ		
25	（ここ2週間）わけもなく疲れたような感じがする	1.はい	⦿0.いいえ		

うつ病の可能性：21〜25

興味・関心チェックシート

生活行為	している	してみたい	興味がある	生活行為	している	してみたい	興味がある
自分でトイレへ行く	○			生涯学習・歴史（明治維新）			○
一人でお風呂に入る（妻の促し）	○			読書（歴史小説）	○		
自分で服を着る	○			俳句			○
自分で食べる	○			書道・習字			○
歯磨きをする	○			絵を描く・絵手紙	×		
身だしなみを整える（元々はオシャレ）	○			パソコン・ワープロ			○
好きなときに眠る	○			写真（風景を撮りたい）			○
掃除・整理整頓	×			映画・観劇・演奏会		○	
料理を作る	×			お茶・お花	×		
買い物（ホームセンターが好き）	○			歌を歌う・カラオケ	×		
家や庭の手入れ・世話	×			音楽を聴く・楽器演奏	×		
洗濯・洗濯物たたみ	×			将棋・囲碁・麻雀・ゲーム等	○		
自転車・車の運転（免許証返納）	×			体操・運動	○		
電車・バスでの外出	×			散歩（山歩きが好き）		○	
孫・子供の世話	×			ゴルフ・グランドゴルフ・水泳・テニスなどのスポーツ	×		
動物の世話	×			ダンス・踊り	×		
友達とおしゃべり・遊ぶ（友人いない）	×			野球・相撲等観戦（行ってみたい）			○
家族・親戚との団らん（主に妻）	○			競馬・競輪・競艇・パチンコ	×		
デート・異性との交流	×			編み物	×		
居酒屋に行く：（自宅では飲酒している）			○	針仕事	×		
ボランティア	×			畑仕事（キュウリ, スイカを作りたい）			○
地域活動（町内会・老人クラブ）	×			賃金を伴う仕事（仕事はしたい）			○
お参り・宗教活動（○○神社好き）	○			旅行・温泉：以前は夫婦で旅行していた		○	
その他（　　　　　）				その他（　　　　　）			
その他（　　　　　）				その他（　　　　　）			

※生活行為の○印は，該当する項目　　※「している」の×印は，いずれも該当なし　　※赤字は聞き取り時のメモ

課題整理総括表

利用者名	○○○○ 殿		
自立した日常生活の阻害要因（心身の状態，環境等）	①引きこもりと腰痛による筋力低下	②アルツハイマー型認知症による認知機能の低下	
	④妻は認知症に関する知識が不足しているため，適切な対応ができない	⑤つまずきや転倒の頻度が高い	

状況の事実		現在	要因	改善/維持の可能性
移動	室内移動	自立 (見守り) 一部介助 全介助	①, ②	(改善) 維持 悪化
	屋外移動	自立 見守り (一部介助) 全介助	①, ②, ③	(改善) 維持 悪化
食事	食事内容	(支障なし) 支障あり		改善 維持 悪化
	食事摂取	(自立) 見守り 一部介助 全介助		改善 維持 悪化
	調理	自立 (見守り) 一部介助 全介助		改善 維持 悪化
排泄	排尿・排便	(支障なし) 支障あり		改善 維持 悪化
	排泄動作	(自立) 見守り 一部介助 全介助		改善 維持 悪化
口腔	口腔衛生	支障なし (支障あり)	②	改善 (維持) 悪化
	口腔ケア	自立 (見守り) 一部介助 全介助	②	改善 (維持) 悪化
服薬		自立 見守り (一部介助) 全介助	②	改善 (維持) 悪化
入浴		自立 (見守り) 一部介助 全介助	②	(改善) 維持 悪化
更衣		(自立) 見守り 一部介助 全介助		改善 維持 悪化
掃除		自立 見守り 一部介助 (全介助)	①, ②	改善 (維持) 悪化
洗濯		自立 見守り 一部介助 (全介助)	①, ②	改善 (維持) 悪化
整理・物品の管理		自立 見守り 一部介助 (全介助)	①, ②	改善 (維持) 悪化
金銭管理		自立 見守り (一部介助) 全介助	②	改善 (維持) 悪化
買い物		自立 見守り (一部介助) 全介助	①, ②, ⑤	改善 (維持) 悪化
コミュニケーション能力		支障なし (支障あり)	②	改善 (維持) 悪化
認知		支障なし (支障あり)	②, ③, ④	改善 (維持) 悪化
社会との関わり		支障なし (支障あり)	①, ②, ③	改善 (維持) 悪化
褥瘡・皮膚の問題		(支障なし) 支障あり		改善 維持 悪化
行動・心理症状（BPSD）		支障なし (支障あり)	②, ④	(改善) 維持 悪化
介護力（家族関係含む）		支障なし (支障あり)	④, ⑤	(改善) 維持 悪化
居住環境		支障なし (支障あり)	①, ②	(改善) 維持 悪化
趣味		支障なし (支障あり)	①, ②, ④	(改善) 維持 悪化

作成日　○○○○年　○月　○日

	利用者及び家族の生活に対する意向	本人：お酒も時々は楽しみたい。腰痛をなくし，歩いてデイサービスに通いたい。 妻：以前は介護保険の利用を嫌がっていた。今は本人も何とかしたいと思っているようだ。夫の力になりたい。
③仕事人間だったため，近隣住民との交流は少ない ⑥		

備考（状況・支援内容等）	見通し	生活全般の解決すべき課題（ニーズ）【案】	優先順位
視空間認知障害と腰痛による下肢筋力の低下があり，つまずく要因となっている。	・居室内に手すりを取り付け，床に物を置かないようにする。室内の整理・整頓を心がけ，転倒予防を図ることができる。	神社へのお参りや散歩などにより，脚力をつけることができる。	1
妻が歯磨きの声かけと準備をしている。		月に1回は，長男との夕食会でお酒を楽しむことができる。	4
妻が準備したものを服用している。薬は一包化している。 飲酒後に入浴し，意識消失を繰り返していた。 家事全般は妻が行っている。 保険証などを紛失するため，妻が片付けている。 日用品の買い物は妻が行っている。自分が欲しいものは自分で購入している。	・妻の支援があり，自宅での日常生活を送っている。自分が欲しい物の買い物や更衣などは，自分でできる。身の回りことは継続して行い，一人でできることが増え，自立した生活が送れるようにする。 ・適切な飲酒行動で，本人が楽しみとしている入浴や飲酒ができ，生活にハリが出て意欲が向上する可能性がある。	もの忘れの進行を防ぎ，住み慣れた家で妻と穏やかな生活を過ごしたい。	2
理解しているが，すぐに言葉が出ない。ゆっくりなら会話可能。 デイサービス利用日の変更が理解できず，怒ることがある。物の保管場所が分からない。 妻とデイサービス職員，理容師以外との交流はない。		サロンや認知症カフェへの参加により会話する機会を増やしていきたい。	3
理解できないことがあると妻を怒鳴る。 隣の市に住む長男は病弱なため，妻は負担をかけたくないと思っている。 玄関と浴室には手すりを取り付けてある。居室は壁伝いに歩いている。 以前は夫婦で旅行に行っていた。	・認知症と認知症のある人への対応などの知識を妻に伝えることで，BPSDの出現を抑えることを目指す。穏やかな日常生活を送ることで介護負担の軽減を図る。 ・認知症に理解のある妻以外の人の協力を得ることで，旅行や温泉を楽しむことができる。		

介護予防サービス・支援計画書

●目標とする生活

1日	1日1回は，買い物や神社など外出できる。

●支援計画

アセスメント領域と現在の状況	本人・家族の意欲・意向	領域における課題（背景・原因）	総合的課題	課題に対する目標と具体策の提案	具体策についての意向 本人・家族
運動・移動 腰痛のため，立ち上がりや歩行時にふらつきがある。外出中に転倒してからは，歩いて外出する自信がなくなった。付き添いがあれば散歩はできる。	本人：デイサービスに歩いて通いたい。 妻：一人では外出できないと思ったようだ。夫の力になりたい。	■有 □無 腰痛や下肢筋力の低下により，安定した歩行ができないので不安である。	・腰痛と引きこもりの生活のため，下肢筋力の低下が進む恐れがある。 ・飲酒後の入浴により，意識消失すると死への危険性が出てくる。	（目標） 腰痛を悪化させないよう外出機会を増やしていく。 （具体策） ①外出の機会を増やし，運動する習慣をつける。 ②サロンや認知症カフェに出かける。 ③理容院へ一人で通うことを継続する。	本人：ふらつきや転倒が心配だが，これ以上悪化させたくない。 妻：家の中に閉じこもるような生活をしてほしくない。
日常生活（家庭生活） 家事全般は妻が行う。近くの○○スーパーには自転車で買い物に行っているが転ぶこともある。	本人：妻はとてもよくやってくれている。 妻：できることはしたいと思う。	□有 ■無			
社会参加・対人関係・コミュニケーション 理容院には自分で予約して自転車で行っている。理容院以外はほとんど外出せず，自宅で過ごす。	本人：以前は一人でどこにでも行けたが，今は難しい。大学の同窓会にも行く気にはならない。 妻：寂しそうな夫を見るのはつらい。	■有 □無 2年間ほど閉じこもり状態であったため，人と会いたいという意欲が低下している。	・認知症が進むと，さらに妻の介護負担が大きくなっていく。	（目標） 認知症が進んでも助け合いながら暮らし，充実した毎日を送ることができる。 （具体策） ①妻が認知症の理解を深めるため，認知症サポーター養成講座を受ける。 ②妻が認知症家族支援事業（家族教室・家族サロン）に参加する。	本人：妻に負担をかけているが，助け合って生活していこうと思っている。 妻：接し方を変えると会話がスムーズにできるかもしれないので試みたい。
健康管理 もの忘れがあり，妻が準備した薬を自分で服用している。妻の付き添いで定期通院している。飲酒後の入浴で意識消失を繰り返しており，妻が声かけと見守りをしている。	本人：風呂を心配してくれるのはありがたいが，入浴中見に来なくてもいい。 妻：何かあっても一人では助けられないのが不安。	■有 □無 飲酒後の入浴をやめ，安全に楽しみのある日常生活を送ることができるようにする。			

●健康状態について

□主治医意見書，生活機能評価等を踏まえた留意点

もの忘れが目立ち，長谷川式簡易知能評価スケール20点です。もの忘れ予防のトレーニングをしましょう。視空間認知障害のため，つまずきやすくなっている。また，腰痛や下肢筋力の低下予防のため，リハビリテーションを頑張りましょう。

基本チェックリストの(該当した質問項目数)／(質問項目数)をお書きください。
地域支援事業の場合は必要なプログラムの枠内の数字に○印をつけてください。

	運動不足	栄養改善	口腔内ケア	閉じこもり予防	物忘れ予防	うつ予防
予防給付または地域支援事業	⑤/5	0/2	1/3	1/2	③/3	④/5

	1年	夫婦と長男や認知症カフェ○○に来ている人やボランティアさんと旅行や温泉に行ける。

目標	支援計画					
	目標についての支援のポイント	本人等のセルフケアや家族の支援,インフォーマルサービス	介護保険サービスまたは地域支援事業	サービス種別	事業所	期間
1．飲酒や入浴の時間を変更するなど生活習慣を改善し,サロンで知り合いを増やして楽しみのある生活ができる。	・なじみの場所への外出から慣れていく。 ・腰痛を感じたら無理をしない。	・日中に飲酒以外での日課を持つ。 ・自己の役割を感じるようなボランティア活動の支援や将棋などの趣味活動に参加する。 ・夕食前に入浴する生活習慣をつくる。 ・長男と月1回は夕食を共にする。	【地域支援事業】 ・運動の提供。 ・本人に合った運動メニューを組む。 ・コミュニケーションをとり,楽しい時間が過ごせるように配慮する。 ・自宅でできる運動メニューを紹介する。 ・地域での活動の場を紹介し,参加の手伝いをする。	運動型通所サービス 囲碁・将棋などの場を紹介 サロンやボランティア,認知症カフェの参加の勧奨	○○デイサービスセンター 福祉会館・生涯学習センターなど 地域包括支援センター	○○○○年12月1日～○○○○年4月30日
2．妻と神社へのお参りや外出をし,生家のあった○○温泉へ湯治に出かけることができる。	妻が相談できる機会を増やす。	本人：妻と認知症カフェに参加する。国内旅行の計画を立てる。 妻：認知症家族支援事業（家族教室・家族サロン）に参加する。認知症への対応などの理解を深める。		本人： ・認知症カフェへの参加 ・認知症予防教室の参加 ・男性サロンへの参加 妻： ・認知症家族支援事業（家族教室・家族サロン・認知症サポーター養成講座）	地域包括支援センター	○○○○年12月1日～○○○○年4月30日

【本来行うべき支援ができない場合】
妥当な支援の実施に向けた方針

総合的な方針：生活不活発病の改善・予防のポイント

生活習慣を整え,興味や関心を持って外出できるようにし,閉じこもり予防やもの忘れ予防,下肢筋力の維持・向上ができるよう支援します。

計画に関する同意

上記計画について,同意いたします。

○○○○年○月○日　　　氏名　○○○○　印

地域包括支援センター	【意見】
	【確認印】

事例 6 得意の水墨画と阪神タイガース観戦で本人の意欲を引き出す

性別	男性
年齢	82歳
障害高齢者自立度	A2
認知症自立度	自立

初回 ・ 紹介 ・ (継続)　　　認定済 ・ 申請中　　　要支援1 ・ (要支援2)

	病名（主なもの）	概要：10年前に急性心筋梗塞を発症し，開胸手術の後にペースメーカーを留置した。これを機に，国道○号線沿いで45年間営んできた1階の電気店を閉めた。それ以後，2階の居間でテレビを見て過ごす閉じこもりがちな生活に一変した。疲れやすい上に息切れがひどく，常に胸に違和感があり，不安が強い状態が続いている。生活習慣の乱れと不活発による心身機能の低下を防止する目的で，介護予防サービスの利用など，支援を開始した。
既往歴	変形性腰椎症	
現病歴	心筋梗塞 高血圧 糖尿病	

利用者基本情報

〈基本情報〉

本人の現況	(在宅)・ 入院または入所中（　　　　　　　　　　　　　　）
障害等認定	身障（ **1種1級** ），療育（　），精神（　），難病（　）
本人の住居環境	(自宅)・ 借家　(一戸建て)・ 集合住宅　　自室（(有)〈 2 階建ての 2 階〉・ 無 ） エレベーター（ 有 ・(無)）　住宅改修（ 有 ・(無)） 浴室（(有)・ 無 ）　便所（(洋式)・ 和式 ） 段差の問題（ 有 ・(無)）　床材，じゅうたんの状況（ フローリング ・(畳)） 照明の状況（**問題なし**　　　）　履物の状況（**問題なし**　　　　　）
経済状況	(国民年金)・ 厚生年金 ・ 障害年金 ・ 生活保護

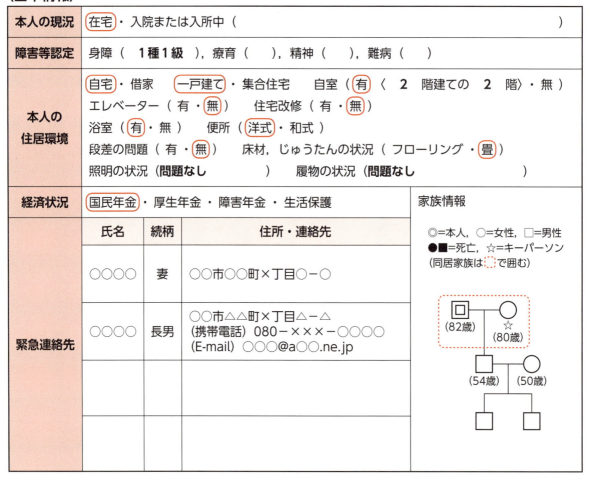

緊急連絡先	氏名	続柄	住所・連絡先
	○○○○	妻	○○市○○町×丁目○-○
	○○○○	長男	○○市△△町×丁目△-△ (携帯電話) 080-×××-○○○○ (E-mail) ○○○@a○○.ne.jp

家族情報

◎=本人，○=女性，□=男性
●■=死亡，☆=キーパーソン
(同居家族は(⁚)で囲む)

〈介護予防に関する事項〉

今までの生活	中学生のころに電気に興味を持ち，32歳で国道○号線沿いに電気店を開業した。妻と2人で店を切り盛りし，地域に多くのお客さんが来て繁盛し，商品を陳列するために自宅の1階をすべて店舗にしていた。店の定休日には，妻や子どもと出かけることが多く，子どもが独立してからも妻と一緒によく旅行に出かけていた。40歳から水墨画を習っており，店に作品を飾ることもあった。ここ20年間は大型電気店の出店により売り上げは減少。5年前に心筋梗塞を発症して手術をし，その後ペースメーカー植え込み術を受けた。これを機に電気店を閉めた。 手術後は疲れやすく，息切れがしたり胸に違和感があったりするため，2階の居間で座ってテレビを見て過ごし，外出もしなくなった。1階部分は倉庫のようになっている。		
現在の生活状況 どんな暮らしを送っているか	1日の生活・過ごし方		趣味・楽しみ・特技
	居間であぐら座りでテレビを見て過ごしている。外出せず，その場から動かないので，妻に言われてテレビ体操をすることはあるが，それほど熱心ではない。処方された薬やテレビのリモコンなどは座ったままで手の届く範囲に置いている。薬の管理は自分でできている。 あまり妻からうるさく言われると，機嫌が悪くなる。		テレビでのプロ野球観戦で阪神タイガースの熱狂的ファン。水墨画が趣味であったが，手が震えて思うようにならないので今は描いていない。電化製品の修理は得意ではあるが，最近の新しい製品は分からない。
	時間	本人	介護者・家族	友人・地域との関係
	5：00 7：00 12：00 18：00 20：30	起床 朝食 昼食 夕食 就寝 空いてる時間は，居間で座ってテレビを見ている。	妻：食事の準備など家事全般を行う。たまには外出するようにと，週1〜2回買い物に連れ出す。通院の付き添い。	以前は同業者と一緒に展示会を開催していたので仕事仲間は多かった。店を閉めてからはめっきりと付き合いは減った。 旧知の阪神タイガースファンから年に数回観戦に誘われるが，断っている。 妻も共通の知人は多い。野菜ができたと持って来てくれるなど，気にかけてくれている。

〈現病歴・既往歴と経過〉（新しいものから書く・現在の状況に関連するものは必ず書く）

年月日	病名	医療機関・医師名 (主治医・意見作成者に☆)			経過	治療中の場合は内容
○○○○年 4月19日	変形性腰椎症	○○整形外科	○○医師	TEL	治療中 (経観中) その他	
○○○○年 8月12日	高血圧・糖尿病	△△クリニック	△△医師	TEL	(治療中) 経観中 その他	服薬
○○○○年 11月1日	心筋梗塞	○○総合病院	××医師 ☆	TEL	(治療中) 経観中 その他	ペースメーカーの定期健診：○○○○年2月16日〜21日ペースメーカー入れ替えのため入院

〈現在利用しているサービス〉

公的サービス	非公的サービス
通所リハビリテーション（月・金曜日）	

基本チェックリスト

No.	質問項目	回答（いずれかに○をお付けください）		点数	事業対象者判定
1	バスや電車で1人で外出していますか	0.はい	**1.いいえ**		
2	日用品の買い物をしていますか	0.はい	**1.いいえ**		
3	預貯金の出し入れをしていますか	0.はい	**1.いいえ**	4/5	
4	友人の家を訪ねていますか	0.はい	**1.いいえ**		
5	家族や友人の相談にのっていますか	**0.はい**	1.いいえ		
6	階段を手すりや壁をつたわらずに昇っていますか	0.はい	**1.いいえ**		3点〜該当
7	椅子に座った状態から何もつかまらずに立ち上がっていますか	0.はい	**1.いいえ**		
8	15分位続けて歩いていますか	**0.はい**	1.いいえ	4/5	
9	この1年間に転んだことがありますか	**1.はい**	0.いいえ		
10	転倒に対する不安は大きいですか	**1.はい**	0.いいえ		
11	6カ月間で2〜3kg以上の体重減少がありましたか	1.はい	**0.いいえ**	0/2	2点〜該当
12	身長（155.5）cm，体重（64.5）kg ⇒ BMI＝（26.7）※（注）参照				
13	半年前に比べて固いものが食べにくくなりましたか	**1.はい**	0.いいえ		2点〜該当
14	お茶や汁物等でむせることがありますか	1.はい	**0.いいえ**	1/3	
15	口の渇きが気になりますか	1.はい	**0.いいえ**		
16	週に1回以上は外出していますか	**0.はい**	1.いいえ	1/2	「16」が「いいえ」で該当
17	昨年と比べて外出の回数が減っていますか	**1.はい**	0.いいえ		
18	周りの人から「いつも同じ事を聞く」などの物忘れがあると言われますか	**1.はい**	0.いいえ		1点〜該当
19	自分で電話番号を調べて，電話をかけることをしていますか	0.はい	**1.いいえ**	3/3	
20	今日が何月何日かわからない時がありますか	**1.はい**	0.いいえ		
（注）BMI＝体重（kg）÷身長（m）÷身長（m）が18.5未満の場合に1点とする。		小計		13/20	No.1〜20の合計が10点〜生活機能全般で該当
21	（ここ2週間）毎日の生活に充実感がない	**1.はい**	0.いいえ		
22	（ここ2週間）これまで楽しんでやれていたことが楽しめなくなった	**1.はい**	0.いいえ		2点〜該当
23	（ここ2週間）以前は楽にできていたことが今ではおっくうに感じられる	1.はい	**0.いいえ**	4/5	
24	（ここ2週間）自分が役に立つ人間だと思えない	**1.はい**	0.いいえ		
25	（ここ2週間）わけもなく疲れたような感じがする	**1.はい**	0.いいえ		

運動機能：6〜10
栄養状態：11〜12
口腔機能：13〜15
閉じこもり：16〜17
認知機能：18〜20
うつ病の可能性：21〜25

興味・関心チェックシート

生活行為	している	してみたい	興味がある	生活行為	している	してみたい	興味がある
自分でトイレへ行く	○			生涯学習・歴史			○
一人でお風呂に入る（通常は通所リハ）		○		読書（横溝？ 推理小説）	○		
自分で服を着る	○			俳句	×		
自分で食べる	○			書道・習字	×		
歯磨きをする	○			絵を描く・絵手紙（水墨画）		○	
身だしなみを整える	○			パソコン・ワープロ	×		
好きなときに眠る	○			写真（デジタルカメラ）			○
掃除・整理整頓	○			映画・観劇・演奏会（帝国劇場）			○
料理を作る				お茶・お花	×		
買い物	○			歌を歌う・カラオケ　演歌：細川たかし		○	
家や庭の手入れ・世話（１階の片付け）			○	音楽を聴く・楽器演奏	○		
洗濯・洗濯物たたみ	○			将棋・囲碁・麻雀・ゲーム等	×		
自転車・車の運転（体調がよければ）			○	体操・運動	×		
電車・バスでの外出			○	散歩　面倒，コワイ	×		
孫・子供の世話（話し相手）	○			ゴルフ・グランドゴルフ・水泳・テニスなどのスポーツ　20年歴，やめた	×		
動物の世話	×			ダンス・踊り	×		
友達とおしゃべり・遊ぶ（トラファン）	○			野球・相撲等観戦：阪神タイガースの大ファン	○		
家族・親戚との団らん	○			競馬・競輪・競艇・パチンコ	×		
デート・異性との交流	×			編み物	×		
居酒屋に行く（スナック○○はなじみ）		○		針仕事	×		
ボランティア	×			畑仕事（○○市民農園，ナス，キュウリ）			○
地域活動（町内会・老人クラブ）	×			賃金を伴う仕事	×		
お参り・宗教活動（近所の○○神宮）	○			旅行・温泉（宮崎の○○温泉）		○	
その他（　　　　　　）				その他（　電気屋の作業　）	○		
その他（　　　　　　）				その他（　　　　　　）			

※生活行為の○印は，該当する項目　　※「している」の×印は，いずれも該当なし　　※赤字は聞き取り時のメモ

課題整理総括表

利用者名　　○○○○　殿

自立した日常生活の阻害要因 （心身の状態，環境等）	①心機能障害（ペースメーカー留置）で胸に圧迫感	②下肢筋力の低下でふらつきがち	
	④右肩から頸部の痛みによる震え	⑤糖尿病（肥満・カロリー制限）	

状況の事実		現在	要因	改善/維持の可能性
移動	室内移動	(自立)　見守り　一部介助　全介助		改善　維持　悪化
	屋外移動	自立　(見守り)　一部介助　全介助	②	改善　(維持)　悪化
食事	食事内容	支障なし　(支障あり)	⑤	(改善)　維持　悪化
	食事摂取	(自立)　見守り　一部介助　全介助		改善　維持　悪化
	調理	自立　見守り　(一部介助)　全介助	①，③	改善　(維持)　悪化
排泄	排尿・排便	(支障なし)　支障あり		改善　維持　悪化
	排泄動作	(自立)　見守り　一部介助　全介助		改善　維持　悪化
口腔	口腔衛生	(支障なし)　支障あり		改善　維持　悪化
	口腔ケア	(自立)　見守り　一部介助　全介助		改善　維持　悪化
服薬		(自立)　見守り　一部介助　全介助		改善　維持　悪化
入浴		自立　見守り　(一部介助)　全介助	①，②，④，⑥	(改善)　維持　悪化
更衣		(自立)　見守り　一部介助　全介助		改善　維持　悪化
掃除		自立　見守り　(一部介助)　全介助	①，②，③	改善　(維持)　悪化
洗濯		自立　見守り　(一部介助)　全介助	①	改善　(維持)　悪化
整理・物品の管理		(自立)　見守り　一部介助　全介助		改善　維持　悪化
金銭管理		自立　見守り　(一部介助)　全介助	③	改善　(維持)　悪化
買い物		自立　見守り　(一部介助)　全介助	①，②，③	改善　(維持)　悪化
コミュニケーション能力		(支障なし)　支障あり		改善　維持　悪化
認知		(支障なし)　支障あり		改善　維持　悪化
社会との関わり		支障なし　(支障あり)	①，②，③	(改善)　維持　悪化
褥瘡・皮膚の問題		(支障なし)　支障あり		改善　維持　悪化
行動・心理症状（BPSD）		(支障なし)　支障あり		改善　維持　悪化
介護力（家族関係含む）		(支障なし)　支障あり		改善　維持　悪化
居住環境		支障なし　(支障あり)	②，⑥	改善　(維持)　悪化
				改善　維持　悪化

作成日　〇〇〇〇年　〇月　〇日

	利用者及び家族の生活に対する意向	本人：心臓の手術をしているので無理はできないが，転倒しないように，自分のことは自分でしたい。 妻：今の状態を維持できるようリハビリテーションを続けてほしい。	
③意欲の低下 ⑥住環境（自室が2階にある）			

備考（状況・支援内容等）	見通し	生活全般の解決すべき課題（ニーズ）【案】	優先順位
自宅内は家具などを伝って歩けている。屋外は杖歩行だが，ふらつくことがある。 糖尿病によるカロリー制限と肥満があり，家族も食べすぎないよう気をつけている。調理は妻が担う。	・リハビリテーションを継続することにより，筋力・体力の低下を防止して，杖歩行を維持することができる。屋内であれば，生活に必要な場所に自立して移動する状態を維持できる可能性がある。	杖歩行を維持し，身の回りの生活行為を介助なく行う。	1
トイレでの一連の行為はできている。 夜間，一度だけトイレに起きる。 上あごのみ義歯である。 自分で歯磨きをする。 自分で管理をして，服用する。 通所リハビリテーションで入浴している。前身は自分で洗うが，腕が上がらないので，他は介助してもらう。		得意である電気の知識や絵の腕前を発揮できる場に参加する。	2
洗濯物をたたむことはしている。		タイガース応援団の仲間と甲子園球場に観戦に行く。	3
家計は妻に任せている。妻と買い物に行くが，小遣いは持っていても，座って待っていることが多い。		心臓病，糖尿病の自己管理ができるようになる。	4
体調変化の不安があるため，外出はしたくない。ただし，体調が良くなれば水墨画の会やタイガース応援団の集まりには行きたい。 自室が2階にあり，階段の上り下りは息切れがするためできず，1階の浴室に行けない。	・電気の知識や得意な絵で人の役に立ったり人に喜んでもらったりする場を持つことで，意欲低下を防止し，閉じこもりにならない生活を送ることができる可能性がある。 ・服薬と体調の改善で，甲子園球場に行くことが可能である。		

介護予防サービス・支援計画書

● 目標とする生活

1日	毎日，スポーツニュースを確認してから近所を散歩し，阪神タイガースのファンと電話などで話をする。

● 支援計画

アセスメント領域と現在の状況	本人・家族の意欲・意向	領域における課題（背景・原因）	総合的課題	課題に対する目標と具体策の提案
運動・移動 杖を使って歩けている。立ち上がる時はふらつくので，家具などにつかまってゆっくり立ち上がる。身体を動かすと，胸がドキドキしたり，手足が冷たくなったりするので，身体の変化を感じ取りながら慎重に動くようにしている。	本人：転倒しないようにリハビリテーションを続け，さらに歩けるようになりたい。 妻：夫は元々は積極的で頑張り屋です。転倒しないように外出時は付き添いたい。	■有 □無 心筋梗塞以降は体調の不安もあり身体を動かす機会が少ないため，転倒や体力・筋力が低下する恐れがある。	不安感から動かない生活になっているので，筋力低下が進み，生活機能への影響が予想される。	（目標） 身体の変化に留意して運動や活動の機会を持つことで，体力・筋力の低下を防止し，自宅で生活する。 （具体策） ①心臓にペースメーカーを植え込んでいるので，疾患に適応した運動の指導を受ける。 ②運動器機能向上プログラムに参加する。 ③身体に負担が大きく，家族の介護負担も大きい入浴の介助を受ける。
日常生活（家庭生活） 家事は妻に任せている。自分の生活に必要なものは居間のいつも座っている場所から手を伸ばせば届く範囲に置き，管理もしている。	本人：自分でできることは，自分でやりたい。 妻：自分の身の回りのことは，時間がかかっても自分でやってほしい。	□有 ■無 妻の見守りのもと，日常生活はできている。ただし，座りっ放しになるのが心配である。		
社会参加・対人関係・コミュニケーション 家でテレビを見て過ごすことが多くなっているため，妻が見かねて買い物に連れ出している。水墨画の仲間とは縁遠いが，阪神ファン仲間とは連絡をとっている。	本人：水墨画を描いたり，妻と出かけたりしていたが，今は手が震えて思うようにできなくなった。 妻：座ってテレビばかり見ているので，外に出かける機会をつくってほしい。	■有 □無 妻を通じて近隣住民との交流がある。以前は楽しんでいたことも楽しめなくなっており，体調変化の不安もあるため，外出にも消極的となっている。閉じこもりになりやすい状況である。	手の震えが気になってから，趣味だった水墨画もしなくなった。仕事仲間も代替わりするなど，付き合いが減ったことで生活の楽しみも減り，意欲が低下している。	（目標） 電気の知識や得意な水墨画を生かした活動をする。 （具体策） ①阪神タイガースの観戦や楽しみにつながるように通所リハビリテーションを利用する。 ②状況を聴き取り，一緒に相談をしていく。
健康管理 妻が運転する車で，通院している。処方された薬は，自分で管理している。浴室が2階にあるため階段の上り下りが必要で，自宅で入浴することができない。	本人：心臓の手術をしているから，無理はできない。糖尿病があるので，間食も気をつける。 妻：定期的に受診しているが，夏場や冬場の体調が心配だ。	□有 ■無 定期的に通院し，体調は安定している。薬は自分で管理して服用している。自宅は入浴が困難な環境であるため，定期的に安全に入浴できるようにする必要がある。		

● 健康状態について
□ 主治医意見書，生活機能評価等を踏まえた留意点

軽い運動と歩行練習をできるだけ行うことで下肢筋力の低下を予防しましょう。
糖尿病と肥満のため，体重管理に注意していきましょう。

基本チェックリストの(該当した質問項目数)／(質問項目数)をお書きください。
地域支援事業の場合は必要なプログラムの枠内の数字に○印をつけてください。

	運動不足	栄養改善	口腔内ケア	閉じこもり予防	物忘れ予防	うつ予防
予防給付または地域支援事業	4/5	0/2	1/3	1/2	3/3	4/5

1年	1年後,甲子園で阪神タイガース戦を観戦する。年賀状に手描きの絵を描けるようになる。

具体策についての意向 本人・家族	目標	支援計画					
		目標についての支援のポイント	本人等のセルフケアや家族の支援,インフォーマルサービス	介護保険サービスまたは地域支援事業	サービス種別	事業所	期間
本人:通所リハビリテーションでリハビリテーションを継続することができているので,これからも続けていきたい。 妻:リハビリテーションをして,今の身体の状態から少しでも良くなってもらいたい。	1．杖歩行を維持し,身の回りの生活行為を介助なく行えるようになる。	心臓病と糖尿病に注意して,無理のない範囲での運動を続けることができる。	本人:週2回デイケアでリハビリテーションを行う。指導のあった運動を自宅でも行う習慣を身につける。 妻:自分で無理のない範囲で運動ができているかを見守る。	【介護保険サービス】 ・健康チェックを行う。 ・運動指導を行う。計画に基づいてリハビリテーションを実施し,評価などを行う。（運動器機能向上およびマネジメント加算算定） ・移動時の見守りと介助を行う。入浴の介助を行う。生活動作を確認し,動作指導や介助方法の指導および助言を行う。 ・栄養改善	介護予防通所リハビリテーション	○○老人保健施設	○○○○年10月1日～○○○○年3月30日
本人:電化製品は昔と変わってしまったので,なかなか役に立つようなことはできない。絵手紙なら時間をかけてうまく描けるようになりたい。年間数回は阪神タイガースの観戦に出かけたい。 妻:水墨画はあんなに熱心に練習していたので,今でもやればできると思う。	2．絵手紙や野球の話題で楽しめる機会に参加する。	絵手紙を楽しんだり,プロ野球の話題で盛り上がったりする機会を一緒に考えていく。	本人:年賀状の絵柄を描いてみる。来年の干支に挑戦する。阪神タイガースファンと情報交換する。 妻:調子の悪い古い電化製品やおもちゃを修理するのもやってみてはどうかと思う。	【介護保険サービス】 書道や絵画などのレクリエーション活動を行う。デイに掲示する季節に応じた作品を依頼する。 阪神タイガースファンの人とマッチングする。	介護予防通所リハビリテーション	○○老人保健施設	○○○○年10月1日～○○○○年3月30日
				地域の活動（おもちゃの修理クリニック,サロン活動）などの紹介をする。	介護予防支援	地域包括支援センター	○○○○年10月1日～○○○○年3月30日

【本来行うべき支援ができない場合】
妥当な支援の実施に向けた方針

総合的な方針：生活不活発病の改善・予防のポイント

体調の変化に気をつけながら,現在の身体機能や活動性を維持し,本人の得意なことに着目して運動の指導や生活の支援を行っていく。

計画に関する同意

上記計画について,同意いたします。

　　○○○○年○月○日　　　氏名　○○○○　㊞

地域包括支援センター	【意見】デイケアを継続して体力をつけ,ご自分でできることを増やしていきましょう。
	【確認印】

事例 7	古代史の会への月1回参加を目標に1日4,000歩の散歩と栄養改善に取り組む	性別	男性
		年齢	78歳
		障害高齢者自立度	J2
		認知症自立度	I

(初回)・紹介・継続　　(認定済)・申請中　　(要支援1)・要支援2

既往歴	病名（主なもの）	概要：妻が他界した2年前から，意欲低下が見られるようになった。家事は妻に任せっきりだったので，自室内の整理もできず，ほぼそのまま。10年前に発症した脳梗塞の後遺症のため右足をひきずって歩く。1日に4,000歩を歩くようにしているが，なかなか続かない。緑内障で右目の視力がほとんどなく，階段などの上り下りが苦手なため，地下鉄の階段で人とぶつかって転倒し左手首を骨折したことがある。元々は凝り性で，趣味の古代史のために卑弥呼伝説を追って九州にフィールドワークに行くことを楽しみにしている。
	緑内障	
現病歴	糖尿病，陳旧性脳梗塞	

利用者基本情報

〈基本情報〉

本人の現況	(在宅)・入院または入所中（　　　　　　　　　　　　　　　　　）
障害等認定	身障（　　），療育（　　），精神（　　），難病（　　）
本人の住居環境	(自宅)・借家　(一戸建て)・集合住宅　自室（(有)〈 2 階建ての 1 階〉・無） エレベーター（有・(無)）　住宅改修（有・(無)） 浴室（(有)・無）　便所（(洋式)・和式） 段差の問題（(有)・無）　床材，じゅうたんの状況（(フローリング)・畳） 照明の状況（**問題なし**　　　）　履物の状況（**問題なし**　　　　）
経済状況	国民年金・(厚生年金)・障害年金・生活保護

家族情報

◎=本人，○=女性，□=男性
●■=死亡，☆=キーパーソン
（同居家族は⬚で囲む）

緊急連絡先	氏名	続柄	住所・連絡先
	○○○○	弟	○○市○○町×丁目○-○ （自宅）○○○-×××-○○○○

〈介護予防に関する事項〉

今までの生活	現在の住居に２人兄弟の長男として生まれ育つ。高校を卒業後，○○鉄道会社で運転士として働く。28歳で上司の紹介でお見合い結婚をするが，子どもには恵まれずに，犬や猫を飼ってかわいがっていた。仕事は不規則勤務であった。60歳で定年となり，その後は関連会社で５年間働く。８年前からリウマチを患っている妻の要望で家の改修工事を行い，自宅内に手すりなどを設置した。本人は68歳の時に脳梗塞を発症し，３年前に緑内障のため右目の視力をほとんど失う。２年前にペットの柴犬が死に，その３カ月後に妻がクモ膜下出血で他界。心の拠り所を失ってしまう。今年１月に地下鉄の階段で人とぶつかって転倒し，利き手の左手首を骨折してしまう。

<table>
<tr><td rowspan="4">現在の生活状況
（どんな暮らしを送っているか）</td><td colspan="3">１日の生活・過ごし方</td><td>趣味・楽しみ・特技</td></tr>
<tr><td colspan="3">右目の視力が落ちた３年前から車や自転車を乗ることをやめた。買い物は○○スーパー，通院は○○整形外科などに歩いて行っている。健康志向は高く，できる限り散歩をするように心がけており，１日に4,000歩を歩くことを目標にして１日の歩数をグラフにしているが疲れやすく，1,000歩程度で帰ってくることも多い。
午後はテレビを見て過ごすことが多い。
塩分に配慮した手料理を作りたいが，面倒になってスーパーの惣菜で済ますことが多い。</td><td>自宅では，プロ野球や大相撲のテレビを見て過ごすことが好き。昔から，古墳や古代史について造詣が深い。○○県古代史の会の会長を務めている。月に１回地下鉄やバスに乗ってフィールドワークに出かけ，古代史研究を行っていた。</td></tr>
<tr><td>時間</td><td>本人</td><td>介護者・家族</td><td>友人・地域との関係</td></tr>
<tr><td>5：30
6：30
11：30
18：00
22：00</td><td>起床
朝食
昼食
夕食
就寝</td><td></td><td>約２年前に妻が他界してからは近所の人との交流が減っているが，回覧板を回したり，地区の集まりには参加している。
民生委員が定期的に訪問している。
仕事を辞めた直後は，職場のOB同士の交流があったが，最近は集まりも減少してきている。</td></tr>
</table>

〈現病歴・既往歴と経過〉（新しいものから書く・現在の状況に関連するものは必ず書く）

<table>
<tr><td>年月日</td><td>病名</td><td colspan="3">医療機関・医師名
（主治医・意見作成者に☆）</td><td>経過</td><td>治療中の場合は内容</td></tr>
<tr><td>○○○○年
１月</td><td>左手首骨折</td><td>○○整形外科</td><td>○○
医師</td><td>TEL</td><td>治療中
(経観中)
その他</td><td></td></tr>
<tr><td>○○○○年
２月</td><td>緑内障</td><td>△△眼科</td><td>△△
医師</td><td>TEL</td><td>(治療中)
経観中
その他</td><td>点眼</td></tr>
<tr><td>○○○○年
７月</td><td>糖尿病</td><td>××クリニック</td><td>××
医師
☆</td><td>TEL</td><td>(治療中)
経観中
その他</td><td>投薬治療</td></tr>
<tr><td>○○○○年
５月</td><td>脳梗塞</td><td>××クリニック</td><td>××
医師</td><td></td><td>治療中
(経観中)
その他</td><td></td></tr>
</table>

〈現在利用しているサービス〉

公的サービス	非公的サービス

基本チェックリスト

No.	質問項目	回答（いずれかに○をお付けください）		点数	事業対象者判定
1	バスや電車で1人で外出していますか	(0.はい)	1.いいえ		
2	日用品の買い物をしていますか	(0.はい)	1.いいえ		
3	預貯金の出し入れをしていますか	(0.はい)	1.いいえ		
4	友人の家を訪ねていますか	(0.はい)	1.いいえ	0/5	
5	家族や友人の相談にのっていますか	(0.はい)	1.いいえ		
6	階段を手すりや壁をつたわらずに昇っていますか	0.はい	(1.いいえ)		
7	椅子に座った状態から何もつかまらずに立ち上がっていますか	0.はい	(1.いいえ)		3点～該当
8	15分位続けて歩いていますか	(0.はい)	1.いいえ		
9	この1年間に転んだことがありますか	(1.はい)	0.いいえ	4/5	
10	転倒に対する不安は大きいですか	(1.はい)	0.いいえ		
11	6カ月間で2～3kg以上の体重減少がありましたか	1.はい	(0.いいえ)	0/2	2点～該当
12	身長（164）cm，体重（60）kg ⇒ BMI＝（22.3）※（注）参照				
13	半年前に比べて固いものが食べにくくなりましたか	1.はい	(0.いいえ)		
14	お茶や汁物等でむせることがありますか	1.はい	(0.いいえ)	0/3	2点～該当
15	口の渇きが気になりますか	1.はい	(0.いいえ)		
16	週に1回以上は外出していますか	(0.はい)	1.いいえ	1/2	「16」が「いいえ」で該当
17	昨年と比べて外出の回数が減っていますか	(1.はい)	0.いいえ		
18	周りの人から「いつも同じ事を聞く」などの物忘れがあると言われますか	1.はい	(0.いいえ)		
19	自分で電話番号を調べて，電話をかけることをしていますか	(0.はい)	1.いいえ	0/3	1点～該当
20	今日が何月何日かわからない時がありますか	1.はい	(0.いいえ)		
（注）BMI＝体重（kg）÷身長（m）÷身長（m）が18.5未満の場合に1点とする。		小計		5/20	No.1～20の合計が10点～生活機能全般で該当
21	（ここ2週間）毎日の生活に充実感がない	1.はい	(0.いいえ)		
22	（ここ2週間）これまで楽しんでやれていたことが楽しめなくなった	1.はい	(0.いいえ)		
23	（ここ2週間）以前は楽にできていたことが今ではおっくうに感じられる	(1.はい)	0.いいえ		2点～該当
24	（ここ2週間）自分が役に立つ人間と思えない	1.はい	(0.いいえ)	1/5	
25	（ここ2週間）わけもなく疲れたような感じがする	1.はい	(0.いいえ)		

運動機能 / 栄養状態 / 口腔機能 / 閉じこもり / 認知機能 / うつ病の可能性

興味・関心チェックシート

生活行為	している	してみたい	興味がある	生活行為	している	してみたい	興味がある
自分でトイレへ行く	○			生涯学習・歴史（古代史，古墳）	○		
一人でお風呂に入る	○			読書（歴史書）	○		
自分で服を着る	○			俳句（NHKの通信教育とか）			○
自分で食べる	○			書道・習字	×		
歯磨きをする	○			絵を描く・絵手紙	×		
身だしなみを整える	○			パソコン・ワープロ（文字が見えない）	×		
好きなときに眠る	○			写真（古墳の写真集をつくりたい）		○	
掃除・整理整頓（一人ではムリだね）	×			映画・観劇・演奏会　元々映画好き		○	
料理を作る（面倒。スーパーの総菜）			○	お茶・お花	×		
買い物	○			歌を歌う・カラオケ（年末の第九に興味）			○
家や庭の手入れ・世話	×			音楽を聴く・楽器演奏（ブラームス）		○	
洗濯・洗濯物たたみ	○			将棋・囲碁・麻雀・ゲーム等	○		
自転車・車の運転	×			体操・運動（朝夕やっている）	○		
電車・バスでの外出（月1回の古代史の会）		○		散歩（1日に4,000歩が目標）	○		
孫・子供の世話				ゴルフ・グランドゴルフ・水泳・テニスなどのスポーツ（腰を痛めない）			○
動物の世話：犬や猫を飼っていた		○		ダンス・踊り	×		
友達とおしゃべり・遊ぶ（古代史の話題）		○		野球・相撲等観戦	○		
家族・親戚との団らん（弟）		○		競馬・競輪・競艇・パチンコ（興奮が好き）			○
デート・異性との交流（いつまでも現役でいたいから）			○	編み物	×		
居酒屋に行く（古代史の会）		○		針仕事	×		
ボランティア	×			畑仕事	×		
地域活動（町内会・老人クラブ）（以前はやっていた）	×			賃金を伴う仕事	×		
お参り・宗教活動（○○大社）	○			旅行・温泉（古代史の仲間と年1回）		○	
その他（　　　　　）				その他（　　　　　）			
その他（　　　　　）				その他（　　　　　）			

※生活行為の○印は，該当する項目　　※「している」の×印は，いずれも該当なし　　※赤字は聞き取り時のメモ

課題整理総括表

利用者名	○○○○ 殿		
自立した日常生活の阻害要因（心身の状態，環境等）	①右目の視力が低下している（緑内障）	②右足の上がりが悪い（脳梗塞）	
	④重いものを持つのが困難である（利き手の左手首を骨折）	⑤糖尿病の食事管理ができない	

状況の事実		現在	要因	改善/維持の可能性
移動	室内移動	自立 **(見守り)** 一部介助 全介助	①，②	**(改善)** 維持 悪化
	屋外移動	自立 **(見守り)** 一部介助 全介助	①，②	**(改善)** 維持 悪化
食事	食事内容	支障なし **(支障あり)**	③，⑤，⑥	**(改善)** 維持 悪化
	食事摂取	**(自立)** 見守り 一部介助 全介助		改善 維持 悪化
	調理	自立 見守り **(一部介助)** 全介助	③，⑤，⑥	**(改善)** 維持 悪化
排泄	排尿・排便	**(支障なし)** 支障あり		改善 維持 悪化
	排泄動作	**(自立)** 見守り 一部介助 全介助		改善 維持 悪化
口腔	口腔衛生	**(支障なし)** 支障あり		改善 維持 悪化
	口腔ケア	**(自立)** 見守り 一部介助 全介助		改善 維持 悪化
服薬		**(自立)** 見守り 一部介助 全介助		改善 維持 悪化
入浴		**(自立)** 見守り 一部介助 全介助		改善 維持 悪化
更衣		**(自立)** 見守り 一部介助 全介助		改善 維持 悪化
掃除		自立 見守り **(一部介助)** 全介助	③，④	**(改善)** 維持 悪化
洗濯		**(自立)** 見守り 一部介助 全介助		改善 維持 悪化
整理・物品の管理		**(自立)** 見守り 一部介助 全介助		改善 維持 悪化
金銭管理		**(自立)** 見守り 一部介助 全介助		改善 維持 悪化
買い物		自立 見守り **(一部介助)** 全介助	④	**(改善)** 維持 悪化
コミュニケーション能力		**(支障なし)** 支障あり		改善 維持 悪化
認知		**(支障なし)** 支障あり		改善 維持 悪化
社会との関わり		支障なし **(支障あり)**	①，②，③	**(改善)** 維持 悪化
褥瘡・皮膚の問題		**(支障なし)** 支障あり		改善 維持 悪化
行動・心理症状（BPSD）		**(支障なし)** 支障あり		改善 維持 悪化
介護力（家族関係含む）		支障なし **(支障あり)**	③	**(改善)** 維持 悪化
居住環境		**(支障なし)** 支障あり		改善 維持 悪化
				改善 維持 悪化

作成日　○○○○年　7月　18日

	利用者及び家族の生活に対する意向	本人：他の人の手助けを得なくても古代史のフィールドワークに行けるようになる。
③妻が亡くなったことで意欲が低下している		
⑥家事の経験がなく要領が悪い		

備考（状況・支援内容等）	見通し	生活全般の解決すべき課題（ニーズ）【案】	優先順位
室内・屋外とも一人で歩行することは可能だが，つまずいたり転倒したりすることがある。	・運動をすることによって下肢筋力の低下を予防すると共にバランス感覚を維持し，転倒をするリスクが軽減することができる可能性がある。 ・糖尿食に関する知識を得て，自分の体に合った食事を調理する手順を学ぶことで糖尿病の悪化を防ぐことができる可能性がある。	室内，屋外とも，転ばずに歩けるようになる。	2
これまで家事は妻に任せていたため，食事管理ができない。 やりたい気持ちはあるが，不器用なため手料理が続かない。		糖尿病を悪化させないために，食事内容を見直すことができる。	3
利き手の左手首を骨折し，家の中の重いものを運ぶのは難しい。 掃除機を使えるスペースもあまりない。	・室内の整理整頓を行い，自宅内での動線を確保することで転倒することなく移動できるようになることが見込める。	自宅内を整理整頓し，つまずかないような動線ができる。	4
歩いて買い物に行っているが，左手首を骨折してからは，重いものを運ぶことが困難である。	・米などの重いものを自宅まで届けてもらうことで，重いものを運ばなくてよくなる。	趣味の古代史の仲間との月1回の会に再び参加できるようになる。	1
妻が亡くなってから落ち込み気味で，人とのかかわりが減少している。 会長を務める古代史の集まりにも行けていない。 一人暮らしのため，身近に介護者がいない。	・妻が亡くなったことで地域のなじみの人とのかかわりが減少し，閉じこもり気味になっているが，カラオケや水泳教室，コーラスなど，人とかかわる機会をつくれば，意欲が出てくることが期待できる。		

介護予防サービス・支援計画書

●目標とする生活

1日	天気の良い日には近所を60分以上か，4,000歩以上散歩することを継続する。

●支援計画

アセスメント領域と現在の状況	本人・家族の意欲・意向	領域における課題（背景・原因）	総合的課題	課題に対する目標と具体策の提案	具体策についての意向 本人・家族
運動・移動 脳梗塞発症後も物につかまらずに歩くことは可能だが，右足を少し引きずるような様子がある。毎日4,000歩歩くようにしている。地下鉄の階段の上り下りが困難。右目の視力がほとんどなく，年末に転倒して左手首を骨折した。	本人：右目の視力がほとんどなく，段差が分かりにくい。転倒しないように気をつけて歩いている。	■有 □無 歩行は可能だが，右目の視力がほとんどないため，段差につまずいたり物にぶつかったりして転倒し，再度骨折する恐れがある。	・左手首を骨折したため，掃除が十分にできない。 ・右目の視力がほとんどないため，自室内でも段差につまずいたり物にぶつかったりして転倒をする恐れがある。 ・気分の落ち込みもあり，仲間との外出の機会が減っている。	（目標） 地下鉄とバスを乗り継いで，古代史の集まりに参加する。 （具体策） ①自宅で座ってできる下肢筋力の低下を予防する運動を行う。 ②転倒予防のため，外出する際は杖などの補助具を使用する。 ③定期的に受診し，服薬管理を行う。 ④できる限り掃除や料理は自分で行い，難しい際は他の人に協力してもらう。	本人：古代史の集まりに行きたいが，今のままでは人の手助けが必要になってしまう。できる限り自分のことは自分でしたいが，左手に力を入れることが難しい。
日常生活（家庭生活） 1年ほど前に妻を亡くして現在は一人暮らし。食事はスーパーのお惣菜を買って食べている。利き手の左手首を骨折してからは，重い物を運んだり，力を使ったりすることが負担。自宅内を掃除することも難しく，室内が乱雑になってきている。	本人：買い物は，重い物でなければ買いに行くことができる。右手には握力がないし，左手は骨折して重い掃除機などを使うことができない。	■有 □無 独居生活のため，左手首を骨折してから，自宅内の掃除が困難。また，これまで自分で食事を作ったことがないので，自分で作るのは難しい。			
社会参加・対人関係・コミュニケーション 古代史の仲間とフィールドワークをしていたが，一人で凹凸の道を歩くことが困難なため，参加を見合わせている。民生委員が自宅に訪問することがある。妻が亡くなってからは精神的な落ち込みもあり，外出する機会が減少している。	本人：古代史の集まりで代表を務めているから，歩く時に皆に迷惑をかけたくない。なかなか知人との交流の機会はない。	■有 □無 平坦な場所でないと歩きにくく転倒の恐れがあるため，外出する機会が減少している。			
健康管理 糖尿病を投薬と月1回歩いて通院をし，自己管理にて服薬している。HbA1c 7.3％で主治医より食事制限を言われているが，惣菜を買って食べることが多いため，実際に行うことが難しい。	本人：糖尿病だと分かっている。調理はしていたが，今は買ってきた惣菜を食べるので十分。	■有 □無 食事制限を主治医に指示されているが，食事を作ること自体が難しく，好きな総菜を購入しているため，糖尿病が悪化する可能性もある。			

●健康状態について
□主治医意見書，生活機能評価等を踏まえた留意点

糖尿病の数値がやや高い。右目の視力の低下も見られ転倒しやすい状態なので，移動には常に注意しましょう。

基本チェックリストの（該当した質問項目数）／（質問項目数）をお書きください。
地域支援事業の場合は必要なプログラムの枠内の数字に○印をつけてください。

	運動不足	栄養改善	口腔内ケア	閉じこもり予防	物忘れ予防	うつ予防
予防給付または地域支援事業	④/5	0/2	0/3	1/2	0/3	1/5

1年	凹凸のある土地でも，古代史の仲間と歩いて古墳を見に行くことができる。猫を飼いはじめる。

目標	支援計画					
	目標についての支援のポイント	本人等のセルフケアや家族の支援，インフォーマルサービス	介護保険サービスまたは地域支援事業	サービス種別	事業所	期間
1．1カ月に1度地下鉄とバスを乗り継いで，古代史の集まりに参加する。	歩きやすい環境を整えて，外出ができ，仲間と歩行できるように運動し，杖を使えるようにする。	本人： ・継続して自宅の周囲を杖を使って散歩する。 ・座ってできる運動をする。 ・階段や段差につまずかないように筋力をつける。 ・歩く所には物を置かないように整理する。 ・病院受診，服薬管理を継続する。	【地域支援事業】 ・送迎 ・定期的な健康チェック ・本人に合わせた運動，必要時の杖の選定・使用 ・集団体操 ・定期的な評価 ・体調不良時は適時休憩し，状態によっては受診を促す ・食事面など糖尿病の指導	運動型通所サービス 医療機関	○○事業所 ・××クリニック	○○○○年7月23日 ～ ○○○○年1月21日 （6カ月後評価）
2．自宅内を整理整頓し，買い物や掃除などができるようになる。	利き手の左手首の骨折後の状況に合わせて，家事ができるように支援する。	本人： ・自分でできる範囲で家事を行う。 ・自分で持てる範囲での買い物は行う。	【地域支援事業】 ・水回りや自室内の掃除 ・重い物を買う時には買い物代行	生活支援型訪問サービス	・△△事業所 ・○○スーパー ・○○市保健所保健師	○○○○年7月18日 ～ ○○○○年1月31日 （6カ月評価）
3．糖尿病を悪化させず，健康な毎日を送る。	糖尿病を悪化させないように，食事内容を共に確認していく。	・糖尿病を悪化させないように，購入する惣菜の偏りに注意する。	【地域支援事業】料理作り，購入する惣菜の助言	栄養指導	男の料理教室○○○○	○○○○年7月18日 ～ ○○○○年1月31日 （6カ月評価）

【本来行うべき支援ができない場合】
妥当な支援の実施に向けた方針

総合的な方針：生活不活発病の改善・予防のポイント

脳梗塞の後遺症や緑内障により，視野が狭くなっています。下肢筋力の向上や室内の動線を整理し，転倒を防げるように支援していきます。手料理が作れるように支援します。

計画に関する同意

上記計画について，同意いたします。

○○○○年○月○日　　氏名　○○○○　印

| 地域包括支援センター | 【意見】 |
| | 【確認印】 |

事例 8	構音障害を改善し，編み物プレゼントとデイサービスでのボランティアで社会参加を目指す	性別	女性
		年齢	72歳
		障害高齢者自立度	J1
		認知症自立度	I

初回 ・ 紹介 ・ (継続)　　(認定済) ・ 申請中　　(要支援1) ・ 要支援2

	病名（主なもの）	概要：3年前に夫が他界してから一人暮らしとなる。2年前に脳梗塞を発症し，右半身に軽度の麻痺と構音障害が残った。回復期リハビリテーション病院を退院後，介護保険で通所リハビリテーションと家事支援のため訪問サービスを1年間利用した。その結果，麻痺が改善し，要支援1に改善。一人で外出する自信もついた。そこで，6カ月後に地域活動への参加を目指して通所リハビリテーションからスポーツクラブが開催している運動型通所サービスに変更する。小型犬との1日2回の散歩もできるようになった。
既往歴	高血圧	
現病歴	脳梗塞	

利用者基本情報

〈基本情報〉

本人の現況	(在宅) ・ 入院または入所中（　　　　　　　　　　　　　　　　　　）
障害等認定	身障（　），療育（　），精神（　），難病（　）
本人の住居環境	(自宅) ・ 借家　(一戸建て) ・ 集合住宅　(自室)((有)〈1階建ての1階〉・ 無) エレベーター（有・(無)）　住宅改修（有・(無)） 浴室（(有)・無）　便所（(洋式)・和式） 段差の問題（有・(無)）　床材，じゅうたんの状況（フローリング・(畳)） 照明の状況（**問題なし**　　　　）　履物の状況（**問題なし**　　　　）
経済状況	(国民年金) ・ 厚生年金 ・ 障害年金 ・ 生活保護

	氏名	続柄	住所・連絡先
緊急連絡先	○○○○	長男	△△県○○市○○町○-○-○ （携帯電話）○○○-○○○○-△△○○ （E-mail）○○○@○○○.com
	○○○○	次男	○○府○○市○○町○○○ （携帯電話）○○○-○○○○-△△○○ （E-mail）○○○@○○○.com

家族情報

◎=本人，○=女性，□=男性
●■=死亡，☆=キーパーソン
（同居家族は　　で囲む）

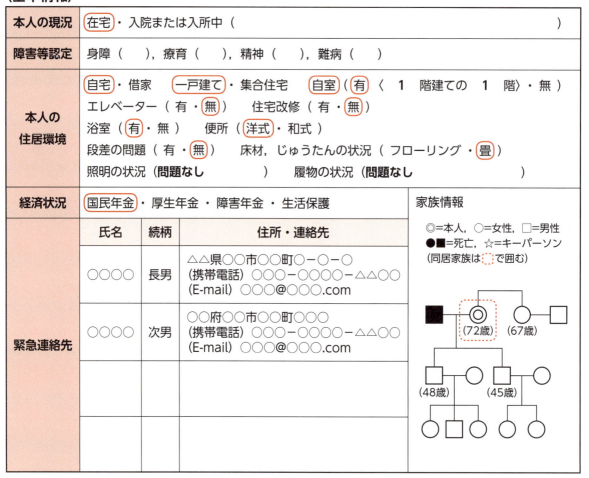

〈介護予防に関する事項〉

今までの生活	会社員と専業主婦の長女として○○県で出生。5歳下の妹が○○県の実家を継いでいる。22歳の時に5歳年上の男性と結婚し，現住所で夫婦で理髪店を開業。子どもは息子2人。2人とも結婚して県外で生活している。営業不振のため9年前に理髪店を閉店したが，仕事柄，近隣との付き合いは多く，地元の女性会など地域行事に積極的に参加していた。3年前に夫が他界し，一人暮らしとなる。70歳の時に脳梗塞を発症。長男夫婦との同居を考えたが，夫と頑張ってきた元理髪店の住まいで生活したいと，一人暮らしを続けることを決めている。現在は，長男からプレゼントされた小型犬（チワワ）と暮らしている。		
現在の生活状況　どんな暮らしを送っているか	**1日の生活・過ごし方**		**趣味・楽しみ・特技**
	7時起床し，犬を連れ，20分をかけてお墓参りに行く。8時半に朝食をとり，午前中は洗濯や掃除をする。 12時に昼食。午後は趣味の編み物をして過ごすことが多い。 16時に犬の散歩に出かける。帰宅後に入浴し，その後夕食。夜はテレビを見て過ごす。お笑い番組が好きである。		編み物が得意で，理髪店を営んでいたころから友人にプレゼントしたり，市民バザーに出したりしていた。脳梗塞発症後は，作業療法士のアドバイスを受けながら少しずつ編み物をする。いつかプレゼントやバザーに出すことを再開したい。
	時間	本人 / 介護者・家族	友人・地域との関係
	7：00 8：30 12：00 16：00 17：00 18：00 22：00	起床，墓参り，犬の散歩（20分） 朝食 洗濯，掃除 昼食 編み物 犬の散歩（30分） 入浴 夕食 テレビを見て過ごす 就寝	近隣に知人や友人が多く，理髪店が井戸端会議の場だった。しかし，夫の他界後と脳梗塞発症を機にかかわりが減少。舌に痺れと軽度の構音障害があるため会話がつらく，今は顔を見ればあいさつをする程度になっている。地域活動には参加していないが，構音障害が改善すれば，以前のように女性会などにも参加したいという思いはある。

〈現病歴・既往歴と経過〉（新しいものから書く・現在の状況に関連するものは必ず書く）

年月日	病名	医療機関・医師名 （主治医・意見作成者に☆）			経過	治療中の場合は内容
○○○○年 9月15日	脳梗塞	○○クリニック	○○医師	TEL	治療中 (経観中) その他	
○○○○年 4月28日	高血圧	○○クリニック	○○医師☆	TEL	(治療中) 経観中 その他	月1回定期受診中
年 　月　日				TEL	治療中 経観中 その他	

〈現在利用しているサービス〉

公的サービス	非公的サービス
運動型通所サービス（週1回） 訪問型サービス（週1回）	図書館（週1回は借りに行く）

基本チェックリスト

No.	質問項目	回答 (いずれかに○を お付けください)		点数	事業 対象者 判定
1	バスや電車で1人で外出していますか	◯0.はい	1.いいえ		
2	日用品の買い物をしていますか	◯0.はい	1.いいえ		
3	預貯金の出し入れをしていますか	◯0.はい	1.いいえ	2/5	
4	友人の家を訪ねていますか	0.はい	◯1.いいえ		
5	家族や友人の相談にのっていますか	0.はい	◯1.いいえ		
6	階段を手すりや壁をつたわらずに昇っていますか	0.はい	◯1.いいえ		運動機能 3点〜該当
7	椅子に座った状態から何もつかまらずに立ち上がっていますか	◯0.はい	1.いいえ		
8	15分位続けて歩いていますか	◯0.はい	1.いいえ	2/5	
9	この1年間に転んだことがありますか	1.はい	◯0.いいえ		
10	転倒に対する不安は大きいですか	◯1.はい	0.いいえ		
11	6カ月間で2〜3kg以上の体重減少がありましたか	1.はい	◯0.いいえ	0/2	栄養状態 2点〜該当
12	身長(162)cm,体重(56)kg ⇒ BMI=(21.3) ※(注)参照				
13	半年前に比べて固いものが食べにくくなりましたか	1.はい	◯0.いいえ		口腔機能 2点〜該当
14	お茶や汁物等でむせることがありますか	1.はい	◯0.いいえ	0/3	
15	口の渇きが気になりますか	1.はい	◯0.いいえ		
16	週に1回以上は外出していますか	◯0.はい	1.いいえ	1/2	閉じこもり 「16」が「いいえ」で該当
17	昨年と比べて外出の回数が減っていますか	◯1.はい	0.いいえ		
18	周りの人から「いつも同じ事を聞く」などの物忘れがあると言われますか	1.はい	◯0.いいえ		認知機能 1点〜該当
19	自分で電話番号を調べて,電話をかけることをしていますか	◯0.はい	1.いいえ	0/3	
20	今日が何月何日かわからない時がありますか	1.はい	◯0.いいえ		
(注) BMI=体重(kg)÷身長(m)÷身長(m)が18.5未満の場合に1点とする。		小計		5/20	No.1〜20の合計が10点〜生活機能全般で該当

	21	(ここ2週間)毎日の生活に充実感がない	◯1.はい	0.いいえ		うつ病の可能性 2点〜該当
	22	(ここ2週間)これまで楽しんでやれていたことが楽しめなくなった	◯1.はい	0.いいえ		
	23	(ここ2週間)以前は楽にできていたことが今ではおっくうに感じられる	1.はい	◯0.いいえ	2/5	
	24	(ここ2週間)自分が役に立つ人間だと思えない	1.はい	◯0.いいえ		
	25	(ここ2週間)わけもなく疲れたような感じがする	1.はい	◯0.いいえ		

興味・関心チェックシート

生活行為	している	してみたい	興味がある	生活行為	している	してみたい	興味がある
自分でトイレへ行く	○			生涯学習・歴史（カルチャー教室）			○
一人でお風呂に入る	○			読書：図書館を利用している	○		
自分で服を着る（手間どる）	○			俳句（新聞の俳句欄を見る）			○
自分で食べる	○			書道・習字			○
歯磨きをする	○			絵を描く・絵手紙（やってみたい！）			○
身だしなみを整える（オシャレ好き）	○			パソコン・ワープロ		○	
好きなときに眠る	○			写真（スマホで撮っている）	○		
掃除・整理整頓	○			映画・観劇・演奏会	×		
料理を作る	○			お茶・お花	×		
買い物（スーパー○○，ブティック）	○			歌を歌う・カラオケ　持ち歌／石川さゆり		○	
家や庭の手入れ・世話	○			音楽を聴く・楽器演奏			○
洗濯・洗濯物たたみ	○			将棋・囲碁・麻雀・ゲーム等　健康麻雀			○
自転車・車の運転	×			体操・運動（朝夕15分ずつ）	○		
電車・バスでの外出	○			散歩（毎日，チワワと）	○		
孫・子供の世話（長男の孫たち）		○		ゴルフ・グランドゴルフ・水泳・テニスなどのスポーツ　○○スポーツセンターのプール	○		
動物の世話：チワワを飼っている	○			ダンス・踊り			○
友達とおしゃべり・遊ぶ（女性会の人）		○		野球・相撲等観戦	×		
家族・親戚との団らん		○		競馬・競輪・競艇・パチンコ	×		
デート・異性との交流（もう年だけどね）			○	編み物：得意。以前は人にプレゼントしていた	○		
居酒屋に行く（日本酒大好き）			○	針仕事（和裁も好き）		○	
ボランティア（バザーに出品）		○		畑仕事（市民農園をやりたい）		○	
地域活動（町内会・老人クラブ）		○		賃金を伴う仕事			○
お参り・宗教活動：毎朝墓参り	○			旅行・温泉（年1回は行きたい）		○	
その他（　　　　　　　）				その他（　髪切りは麻痺でムリ　）		○	
その他（　　　　　　　）				その他（ドライヤーでセットはできる）		○	

※生活行為の○印は，該当する項目　　※「している」の×印は，いずれも該当なし　　※赤字は聞き取り時のメモ

課題整理総括表

利用者名	○○○○ 殿		
自立した日常生活の阻害要因（心身の状態，環境等）	①右手の指に軽度の麻痺があり，細かい作業に支障がある	②右下肢の軽度の麻痺と筋力低下のため長時間の立位や歩行は疲れる	
	④地域での役割の喪失	⑤	

状況の事実		現在	要因	改善/維持の可能性
移動	室内移動	(自立) 見守り 一部介助 全介助		改善 維持 悪化
	屋外移動	(自立) 見守り 一部介助 全介助	②	(改善) 維持 悪化
食事	食事内容	(支障なし) 支障あり		改善 維持 悪化
	食事摂取	(自立) 見守り 一部介助 全介助		改善 維持 悪化
	調理	(自立) 見守り 一部介助 全介助		改善 維持 悪化
排泄	排尿・排便	(支障なし) 支障あり		改善 維持 悪化
	排泄動作	(自立) 見守り 一部介助 全介助		改善 維持 悪化
口腔	口腔衛生	(支障なし) 支障あり		改善 維持 悪化
	口腔ケア	(自立) 見守り 一部介助 全介助		改善 維持 悪化
服薬		(自立) 見守り 一部介助 全介助		改善 維持 悪化
入浴		(自立) 見守り 一部介助 全介助		改善 維持 悪化
更衣		(自立) 見守り 一部介助 全介助		改善 維持 悪化
掃除		自立 見守り (一部介助) 全介助	①，②	(改善) 維持 悪化
洗濯		(自立) 見守り 一部介助 全介助		改善 維持 悪化
整理・物品の管理		(自立) 見守り 一部介助 全介助		改善 維持 悪化
金銭管理		(自立) 見守り 一部介助 全介助		改善 維持 悪化
買い物		自立 見守り (一部介助) 全介助	①	改善 (維持) 悪化
コミュニケーション能力		支障なし (支障あり)	②，③	(改善) 維持 悪化
認知		(支障なし) 支障あり		改善 維持 悪化
社会との関わり		支障なし (支障あり)	③，④	(改善) 維持 悪化
褥瘡・皮膚の問題		(支障なし) 支障あり		改善 維持 悪化
行動・心理症状（BPSD）		(支障なし) 支障あり		改善 維持 悪化
介護力（家族関係含む）		(支障なし) 支障あり		改善 維持 悪化
居住環境		(支障なし) 支障あり		改善 維持 悪化
趣味		支障なし (支障あり)	①，③，④	(改善) 維持 悪化

作成日　〇〇〇〇年　〇月　〇日

	利用者及び家族の生活に対する意向	本人：以前みたいに地域活動に参加したい。 長男：得意な編み物などを通して、地域の人と交流してほしい。
③舌に痺れがあり、軽度の構音障害のため会話がしづらい ⑥		

備考（状況・支援内容等）	見通し	生活全般の解決すべき課題（ニーズ）【案】	優先順位
運動型通所サービスで一人で外出する自信はついてきたが、30分も歩けば疲れてしまう。今後も運動を継続する必要がある。	・前向きな性格なので適切な運動量と習慣を身につけ、継続することで、身体的にはより改善する可能性がある。	右半身の軽度麻痺を改善し、編み物や髪のセットのボランティアができるようになる。	1
		一人暮らしなので、計画的に家事を行えるようになる。	2
布団など重いものを動かすことには手伝いが必要である。	・居間や寝室、台所などの生活空間を整理整頓すれば、今の住居でも安全で衛生的な生活が送れることが可能である。	地域の人の役立つ活動を再開していきたい。	3
牛乳や米、洗剤などの重いものはスーパーの買い物代行を利用している。 構音障害があり、地域の友人たちとの会話に消極的になっている。	・構音トレーニングを受けることで、少しずつ自信をつけて会話ができるようになる。		
地域活動に興味はあるものの、自分ができる役割が見つからないので、参加できない。	・地域活動で担える役割をつくることで、少しずつ女性会などに参加できるようになる可能性がある。		
編み物が得意。以前は、人にプレゼントをしたり市民バザーに出品したりしていた。	・人のために編み物をすることや髪をセットするボランティアなどで意欲が向上する可能性がある。		

介護予防サービス・支援計画書

●目標とする生活

1日	毎日，構音トレーニングを行い朝・夕犬の散歩に出かけた際に，近所の人とおしゃべりをする。

●支援計画

アセスメント領域と現在の状況	本人・家族の意欲・意向	領域における課題（背景・原因）	総合的課題	課題に対する目標と具体策の提案	具体策についての意向 本人・家族
運動・移動 右半身に軽度麻痺があり，歩行時に左右のバランスが崩れると転倒の危険が高い。バスや地下鉄を使って外出はできている。	本人：歩くことには結構自信がついたが，もっと歩けるようになりたい。 長男：転倒には注意してほしいが，できるだけ動いてほしい。	■有 □無 右半身に軽度の麻痺があり，特に屋外ではふらつきや転倒の危険がある。	脳梗塞後遺症で右半身に軽度麻痺，構音障害がある。転倒の危険が高い家事の負担を減らし，地域活動に積極的に参加できる環境を整えることで活動の幅を広げる。	（目標） 地域の給食会に参加し，給食会用のテーブルクロスを編んでプレゼントする。 （具体策） ①医師の指示のもと，受診と内服を続ける。 ②転倒のリスクが高い買い物や掃除など家事は，代行サービスを利用する。 ③適切な運動習慣を身につけ，麻痺の改善と筋力の維持向上に努める。 ④犬の散歩に出かけることで運動を続け，女性会や地域の人と交流する機会をつくる。 ・地域の給食会などの行事に参加する。 ・デイサービスで，髪のセットブローのボランティアをする。	本人：構音障害を改善して，できればまた地域活動に参加したい。 給食会での編み物プレゼントや髪のセットブローのボランティアならやれそう。体力的にも精神的にも自信をつけたい。 長男：編み物が得意な母が自慢だったので，再開してもらいたい。 理容師の資格を生かせるのはいいと思う。
日常生活（家庭生活） 調理，洗濯は自立。身の回りの掃除は使い捨てのモップで行っている。重いものを持っての掃除や買い物は，転倒の危険が高い。	本人：できる家事は自分で行っている。布団干しや牛乳などの買い物が怖い。 長男：布団乾燥機をプレゼントしたい。	■有 □無 右半身に軽度の麻痺があり，重いものを持つ家事は転倒の危険がある。			
社会参加・対人関係・コミュニケーション 脳梗塞発症前は，女性会など地域活動に参加していた。軽度の構音障害のため，会話に加わることに消極的。	本人：地域活動に参加したいが，受け入れてもらえるかと心配で行きにくい。 長男：以前みたいに地域活動に参加している母を見たい。	■有 □無 構音障害のため他者とのかかわりに不安があり，地域活動に参加できていない。			
健康管理 高血圧の既往歴があり，2年前に脳梗塞発症。後遺症で右半身に軽度の麻痺と構音障害がある。月1回の定期受診と内服が必要である。	本人：医師の言うことをきちんと聞いて，体調管理をしていきたい。 長男：体調に気をつけて生活してほしい。	□有 ■無 定期受診や内服管理は自立している。現在，問題はない。			

●健康状態について

□主治医意見書，生活機能評価等を踏まえた留意点

脳梗塞の後遺症があります。日常生活に支障（ふらつき，転倒，構音障害）があるため，適切なサービスを利用しましょう。

基本チェックリストの(該当した質問項目数)／(質問項目数)をお書きください。
地域支援事業の場合は必要なプログラムの枠内の数字に○印をつけてください。

	運動不足	栄養改善	口腔内ケア	閉じこもり予防	物忘れ予防	うつ予防
予防給付または地域支援事業	㊀2/5	0/2	0/3	1/2	0/3	㊀2/5

1年	自分が編んだ物を友人にプレゼントしたり，通っているデイサービスで髪のセットブローのボランティアができるようになる。					

目標	支援計画					
	目標についての支援のポイント	本人等のセルフケアや家族の支援，インフォーマルサービス	介護保険サービスまたは地域支援事業	サービス種別	事業所	期間
1．構音障害を改善し，地域の給食会に参加する。 2．給食会用のテーブルクロスを編んでプレゼントしたり，デイサービスでの髪のセットブローボランティアに取り組んだりする。	・右半身に麻痺があるので，転倒に注意する。 ・初めて地域活動に参加する時は，不安を減少させるため同行するなど配慮する。 ・構音障害があることを踏まえてサポートする。	本人： ・医師の指示のもと，受診と内服を継続し，構音障害の言語トレーニングを行う。 ・できる家事は継続していく。 ・適切な運動方法と運動習慣を身につける。 ・給食会など地域活動に参加する。 ・犬の散歩と編み物を続ける。 ・髪のセットブローの練習を自宅で行う。 近隣住民・民生委員：給食会など地域活動を紹介し，座席には配慮する。	【地域支援事業】 右半身に軽度の麻痺があるため重いものの買い物は代行する。	訪問型サービス	○○訪問介護事業所	○○○○年12月1日〜○○○○年11月30日（6カ月ごとに評価）
			【地域支援事業】 ・体調に合わせた運動方法の検討，実施，評価を行い，運動習慣が身につくよう支援する。 ・作業療法士の指導のもと，髪のセットブローのトレーニングをする。	運動型通所サービス	○○スポーツクラブ	○○○○年12月1日〜○○○○年5月31日（終了時評価）

【本来行うべき支援ができない場合】
妥当な支援の実施に向けた方針

総合的な方針：生活不活発病の改善・予防のポイント

脳梗塞の発症により，地域活動への参加に消極的になっています。地域活動に参加する自信をつけ，活動の幅が広がるよう支援します。

計画に関する同意

上記計画について，同意いたします。

○○○○年○月○日　　　氏名　○○○○　印

地域包括支援センター	【意見】
	【確認印】

事例 9 一人息子と調理場に立つことを目指し，運動型通所サービスに通う

性別	男性
年齢	65歳
障害高齢者自立度	J2
認知症自立度	自立

初回 ・ 紹介 ・ (継続)　　(認定済) ・ 申請中　　(要支援1) ・ 要支援2

	病名（主なもの）	概要：3年前，早朝に自宅で脳出血を発症し，左片麻痺となる。治療とリハビリテーション入院を経て，在宅生活を送っていた。入院中に要介護2と認定され，デイケアを利用して積極的にリハビリテーションに取り組んだ結果，要支援1に改善した。これをきっかけに本人，家族，関係機関で利用するサービスを見直し，運動型通所サービスを利用することにした。現在は再び一人息子と一緒に調理場に立つことを目標にしている。
既往歴	高血圧	
現病歴	脳出血後遺症	

利用者基本情報

〈基本情報〉

本人の現況	(在宅) ・ 入院または入所中（　　　　　　　　　　　　　　　　　　　）		
障害等認定	身障（　　），療育（　　），精神（　　），難病（　　）		
本人の住居環境	(自宅) ・ 借家　　一戸建て ・ (集合住宅)　　自室（(有)〈 7 階建ての 1 階〉・ 無） エレベーター（(有) ・ 無）　　住宅改修（(有) ・ 無） 浴室（(有) ・ 無）　　便所（(洋式) ・ 和式） 段差の問題（有 ・ (無)）　　床材，じゅうたんの状況（(フローリング) ・ 畳） 照明の状況（**問題なし**　　　　　）　　履物の状況（**問題なし**　　　　　　　）		
経済状況	国民年金 ・ (厚生年金) ・ 障害年金 ・ 生活保護		
緊急連絡先	氏名	続柄	住所・連絡先
	○○○○	妻	○○市○○町×丁目○-○ （携帯電話）○○○-○○○○-△△△△ （E-mail）○○○@○○○.ne.jp
	○○○○	長男	○○市○○町×丁目○-○ （携帯電話）○○○-○○○○-△△△△ （E-mail）○○○@○○○.ne.jp

家族情報

◎=本人，○=女性，□=男性
●■=死亡，☆=キーパーソン
（同居家族は┊┊で囲む）

□(65歳)　○☆主(55歳)　□
　　　　　　　│
　　　　　　□ 一人息子 (32歳)

〈介護予防に関する事項〉

今までの生活	2人兄弟の次男として生まれる。地元の調理師学校を卒業後，料亭の調理師として就職し，有名な日本料理店でも修行をする。40歳の時に独立し，自分の飲食店を出す。料理の評判も良く，明るい性格で，店は繁盛していた。41歳の時に離婚経験のある女性と結婚し，女性の連れ子と共に3人で暮らし始める。3年前に脳出血を発症してから，半年ほど店を閉めていたが，調理学校を卒業して日本料理店で10年間修行していた一人息子が戻り，妻と共に切り盛りをしている。本人もたまに店に出て，一人息子に料理のアドバイスをしているが，細かな包丁さばきができないため調理場に立つことはない。			
現在の生活状況 どんな暮らしを送っているか	**1日の生活・過ごし方**			**趣味・楽しみ・特技**
	調理師の勘を鈍らせないためとリハビリを兼ねて家族の朝食と夕食を作っている。 午前中は車を運転して〇〇スポーツジムへ行き，プール（60分）や筋トレ（30分）をする。 午後はできる範囲で店に出す仕込みの手伝いを行っている。立位を長くとれないので，いすに座って休憩しながら行っている。夕食の買い物に行くこともある。入浴から就寝までの間は，テレビやインターネットでスポーツ観戦をしている。			20年来続く地元の草野球チームの主将として，毎週，試合に出掛けていた。スポーツ全般の観戦が趣味である。地元のプロ野球チームを熱心に応援し，私設応援団の団長もやっている。 国内旅行をして，地方の料理を食べるのが楽しみ。 得意な日本料理は，今も家族や常連客に振る舞っている。
	時間	本人	介護者・家族	友人・地域との関係
	6：00 7：00 8：00 10：00 12：00 15：00 17：00 19：00 22：00	起床 朝食 散歩 スポーツジム 昼食 仕込みの手伝い 夕食 入浴 就寝		草野球のメンバーや飲食店の常連客とはスマートフォンのメール機能でやり取りをしている。また，妻と一人息子が切り盛りしている店に顔を出して，一人息子に調理のアドバイスをしたり昔からの客と話をしたりしている。 近所の人たちに会うと，よく世間話を楽しんでいる。

〈現病歴・既往歴と経過〉（新しいものから書く・現在の状況に関連するものは必ず書く）

年月日	病名	医療機関・医師名（主治医・意見作成者に☆）			経過	治療中の場合は内容
〇〇〇〇年〇月〇日	脳梗塞	〇〇〇医療センター	〇〇医師☆	TEL ×××-××××	**治療中** 経観中 その他	月1回受診し，内服薬処方
〇〇〇〇年〇月〇日	高血圧	〇〇〇医療センター	〇〇医師	TEL ×××-××××	**治療中** 経観中 その他	月1回受診し，内服薬処方
〇〇〇〇年△月△日	腰痛	△△整形外科	△△医師	TEL ×××-××××	**治療中** 経観中 その他	湿布処方
					治療中 経観中 その他	

〈現在利用しているサービス〉

公的サービス	非公的サービス
運動型通所サービス	〇〇スポーツジム（プール，筋トレ）

基本チェックリスト

No.	質問項目	回答 (いずれかに○を お付けください)		点数	事業 対象者 判定
1	バスや電車で1人で外出していますか	0.はい	**1.いいえ**	**1**/5	
2	日用品の買い物をしていますか	**0.はい**	1.いいえ		
3	預貯金の出し入れをしていますか	**0.はい**	1.いいえ		
4	友人の家を訪ねていますか	**0.はい**	1.いいえ		
5	家族や友人の相談にのっていますか	**0.はい**	1.いいえ		
6	階段を手すりや壁をつたわらずに昇っていますか	**0.はい**	1.いいえ	**2**/5	3点〜 該当
7	椅子に座った状態から何もつかまらずに立ち上がっていますか	**0.はい**	1.いいえ		
8	15分位続けて歩いていますか	**0.はい**	1.いいえ		
9	この1年間に転んだことがありますか	**1.はい**	0.いいえ		
10	転倒に対する不安は大きいですか	**1.はい**	0.いいえ		
11	6カ月間で2〜3kg以上の体重減少がありましたか	1.はい	**0.いいえ**	**0**/2	2点〜 該当
12	身長（170）cm，体重（65）kg ⇒ BMI＝（22.5）※（注）参照				
13	半年前に比べて固いものが食べにくくなりましたか	**1.はい**	0.いいえ	**1**/3	2点〜 該当
14	お茶や汁物等でむせることがありますか	1.はい	**0.いいえ**		
15	口の渇きが気になりますか	1.はい	**0.いいえ**		
16	週に1回以上は外出していますか	**0.はい**	1.いいえ	**0**/2	「16」が 「いいえ」 で該当
17	昨年と比べて外出の回数が減っていますか	1.はい	**0.いいえ**		
18	周りの人から「いつも同じ事を聞く」などの物忘れがあると言われますか	1.はい	**0.いいえ**	**0**/3	1点〜 該当
19	自分で電話番号を調べて，電話をかけることをしていますか	**0.はい**	1.いいえ		
20	今日が何月何日かわからない時がありますか	1.はい	**0.いいえ**		
（注）BMI＝体重（kg）÷身長（m）÷身長（m）が18.5未満の場合に1点とする。		小計		**4**/20	No.1〜20の 合計が 10点〜 生活機能全般 で該当
21	（ここ2週間）毎日の生活に充実感がない	**1.はい**	0.いいえ	**1**/5	2点〜 該当
22	（ここ2週間）これまで楽しんでやれていたことが楽しめなくなった	1.はい	**0.いいえ**		
23	（ここ2週間）以前は楽にできていたことが今ではおっくうに感じられる	1.はい	**0.いいえ**		
24	（ここ2週間）自分が役に立つ人間だと思えない	1.はい	**0.いいえ**		
25	（ここ2週間）わけもなく疲れたような感じがする	1.はい	**0.いいえ**		

運動機能／栄養状態／口腔機能／閉じこもり／認知機能／うつ病の可能性

興味・関心チェックシート

生活行為	している	してみたい	興味がある	生活行為	している	してみたい	興味がある
自分でトイレへ行く	○			生涯学習・歴史	×		
一人でお風呂に入る	○			読書	×		
自分で服を着る	○			俳句　全く興味なし	×		
自分で食べる	○			書道・習字	×		
歯磨きをする	○			絵を描く・絵手紙	×		
身だしなみを整える	○			パソコン・ワープロ：インターネットをしている	○		
好きなときに眠る	○			写真	×		
掃除・整理整頓（お掃除ロボットを使いたい）		○		映画・観劇・演奏会 アクションもの シルベスター・スタローン	○		
料理を作る：調理師だった	○			お茶・お花	×		
買い物	○			歌を歌う・カラオケ（カラオケ苦手）	×		
家や庭の手入れ・世話	○			音楽を聴く・楽器演奏　30年!!	×		
洗濯・洗濯物たたみ	○			将棋・囲碁・麻雀・ゲーム等	○		
自転車・車の運転　買い物に!!	○			体操・運動　ジムでストレッチ	○		
電車・バスでの外出		○		散歩（毎朝20分）	○		
孫・子供の世話		○		ゴルフ・グランドゴルフ・水泳・テニスなどのスポーツ ジムにて	○		
動物の世話（犬を飼いたい）		○		ダンス・踊り	×		
友達とおしゃべり・遊ぶ（店の常連）	○			野球・相撲等観戦：広島ファン 草野球チームの主将だった	○		
家族・親戚との団らん 一人息子の結婚が楽しみ	○			競馬・競輪・競艇・パチンコ 今はどれもやめた	×		
デート・異性との交流				編み物	×		
居酒屋に行く（草野球チームの仲間）		○		針仕事	×		
ボランティア	×			畑仕事	×		
地域活動（町内会・老人クラブ） 草野球		○		賃金を伴う仕事	×		
お参り・宗教活動	×			旅行・温泉：年2回は行きたい！ 全国のおいしいものを食べたい		○	
その他（　　　　）				その他（　　　　）			
その他（　　　　）				その他（　　　　）			

※生活行為の○印は，該当する項目　※「している」の×印は，いずれも該当なし　※赤字は聞き取り時のメモ

課題整理総括表

利用者名	○○○○ 殿		
自立した日常生活の阻害要因（心身の状態，環境等）	①左上肢麻痺（脳出血の後遺症）で，細かい動作に支障がある ④	②左下肢麻痺で外出時は，杖が必要である ⑤	

状況の事実		現在	要因	改善/維持の可能性
移動	室内移動	（自立） 見守り 一部介助 全介助		改善 維持 悪化
	屋外移動	自立 （見守り） 一部介助 全介助	②，③	（改善） 維持 悪化
食事	食事内容	（支障なし） 支障あり		改善 （維持） 悪化
	食事摂取	（自立） 見守り 一部介助 全介助		改善 維持 悪化
	調理	自立 （見守り） 一部介助 全介助		（改善） 維持 悪化
排泄	排尿・排便	（支障なし） 支障あり		改善 維持 悪化
	排泄動作	（自立） 見守り 一部介助 全介助		改善 維持 悪化
口腔	口腔衛生	（支障なし） 支障あり		改善 維持 悪化
	口腔ケア	（自立） 見守り 一部介助 全介助		改善 維持 悪化
服薬		（自立） 見守り 一部介助 全介助		改善 維持 悪化
入浴		自立 （見守り） 一部介助 全介助	①，②，③	（改善） 維持 悪化
更衣		自立 （見守り） 一部介助 全介助	①，③	改善 （維持） 悪化
掃除		自立 （見守り） 一部介助 全介助	①，②，③	改善 （維持） 悪化
洗濯		自立 見守り 一部介助 （全介助）	③	改善 （維持） 悪化
整理・物品の管理		（自立） 見守り 一部介助 全介助		改善 維持 悪化
金銭管理		（自立） 見守り 一部介助 全介助		改善 維持 悪化
買い物		自立 （見守り） 一部介助 全介助	①，②，③	改善 （維持） 悪化
コミュニケーション能力		（支障なし） 支障あり		改善 維持 悪化
認知		（支障なし） 支障あり		改善 維持 悪化
社会との関わり		支障なし （支障あり）	①，②，③	（改善） 維持 悪化
褥瘡・皮膚の問題		（支障なし） 支障あり		改善 維持 悪化
行動・心理症状（BPSD）		（支障なし） 支障あり		改善 維持 悪化
介護力（家族関係含む）		（支障なし） 支障あり		改善 維持 悪化
居住環境		（支障なし） 支障あり		改善 維持 悪化
趣味		支障なし （支障あり）	①，②，③	（改善） 維持 悪化

作成日　○○○○年　○月　○日

③腰痛があり，行動に支障がある	**利用者及び家族の生活に対する意向**	本人：また調理師の仕事ができるようになりたい。
⑥		

備考（状況・支援内容等）	見通し	生活全般の解決すべき課題（ニーズ）【案】	優先順位
杖を使わずに歩行できるまでに改善した。 塩分には気をつけ料理が作れている。	・左上下肢の筋力が改善・向上すれば，見守りをせずに片手に荷物を持って歩ける可能性がある。	日本料理の店○○で使う食材を自分で仕入れ，店まで運べるようになりたい。	1
本人が行っているが，細かい包丁さばきができなくなった。		調理場に立って細かい包丁さばきでお客様に料理を出したい。	2
居室内の簡単な掃除は行っている。 腰痛がひどくなるため，妻が行い，本人はしていない。洗濯物をたたむことはしている。 自動車での買い物は注意が必要である。	・血圧の上昇に注意することで日常生活や調理師の仕事もできるようになる可能性がある。	腰痛を改善し，高血圧をコントロールして日々の体調を整えたい。	3
日本料理店の仕事を息子に譲っている。常連客との付き合い，草野球チームの付き合いは継続している。 家族でおいしいものを食べに，旅行に行っていた。	・利き腕の握力が改善すれば細かい包丁さばきも可能となり，お店に出ることができるようになる可能性がある。		

介護予防サービス・支援計画書

●目標とする生活

1日	毎日，腰痛体操をし，家族の朝食と夕食を作りを継続できる。

●支援計画

アセスメント領域と現在の状況	本人・家族の意欲・意向	領域における課題（背景・原因）	総合的課題	課題に対する目標と具体策の提案	具体策についての意向 本人・家族
運動・移動 屋内は自由に歩くことができる。屋外は一点杖で10分ぐらい歩行できる。通院は自分で車を運転して行く。	本人：ジムのトレーニングも続け，つまずいて転ばないようにしたい。 妻：毎日のように運動しているので，継続してほしい。	■有 □無 杖歩行は安定しているが，長時間の歩行はできない。	脳出血の後遺症により，軽度の左片麻痺がある。日常生活に大きな支障はないが，重い物を持ったり，細かい作業をしたりするのが難しい。左上下肢の筋力と腰痛を改善し，一人息子と一緒に再び調理場に立つ。	（目標） 立位が長時間とれ，細かい包丁さばきができる。 （具体策） ①血圧管理ができる。 ②スポーツジムで機能向上のための運動をする。 ③運動型通所サービスを利用し，転倒予防や下肢筋力向上を目的とした運動を学習する。	本人：調理場に立ったり球場に行ったりできるようになるために，教えてもらった運動を無理のない範囲で継続して行おうと思う。 妻：頑張りすぎて，けがをしないように見守ります。
日常生活（家庭生活） 身の回りのことは自立している。家族の食事は本人が作る。自分の作りたい料理を決めて，家族と買い物に行っている。	本人：これからも家族の料理は作っていきたい。 妻：料理は本当においしい。常連さんも楽しみにしている。店でも作ってほしい。	■有 □無 左半身が麻痺しているため，細かな作業ができない。			
社会参加・対人関係・コミュニケーション 時々店に顔を出し，常連客と話をしている。草野球のチームメイトとは，メールなどでやりとりしている。	本人：またチームメイトと草野球を楽しんだり広島戦を応援に行ったりしたい。 妻：まだ65歳。現役として店に立ってほしい。	□有 ■無 社交的に誰とでも話ができるようになっている。			
健康管理 毎月定期受診できている。降圧剤は自己管理できている。週3回スポーツジムへ行き，水中歩行や筋トレをしている。	本人：まだ，自分のことは自分でできている。 妻：再発しないで元気でいてほしい。	□有 ■無 受診や服薬管理は問題なく行え，運動も自主的に行えている。			

●健康状態について

□主治医意見書，生活機能評価等を踏まえた留意点

脳出血の再発防止のためにも，高血圧症を管理するために受診を継続し，生活不活発病の予防に努めていきましょう。

基本チェックリストの(該当した質問項目数)／(質問項目数)をお書きください。
地域支援事業の場合は必要なプログラムの枠内の数字に○印をつけてください。

	運動不足	栄養改善	口腔内ケア	閉じこもり予防	物忘れ予防	うつ予防
予防給付または地域支援事業	②/5	0/2	1/3	0/2	0/3	①/5

1年		一人息子と一緒に料理店で働いて，また家族でおいしいものを食べに旅行に行ったり，年2回は草野球の仲間とプロ野球観戦に行ったりできるようになる。

目標	支援計画					
	目標についての支援のポイント	本人等のセルフケアや家族の支援，インフォーマルサービス	介護保険サービスまたは地域支援事業	サービス種別	事業所	期間
1．杖を使って自由に外出したり，調理場に立ったりできる。	運動を無理なく続けられるように支援する。体力に合った運動量を考慮する。	・運動型通所サービスで習ったトレーニングを自宅でも継続する。 ・マシントレーニングやプールでの運動を安全に行う。	【地域支援事業】転倒を予防するための運動を紹介する。	運動型通所サービス	○○接骨院	○○○○年○月○日～○○○○年△月△日
2．草野球の仲間と年2回はプロ野球観戦に行く。	・草野球のチームメートの協力を得る。 ・座位が長時間とれるように腰痛体操を行う。	本人：腰痛体操を行う。 インフォーマル：草野球仲間にプロ野球観戦のミニ旅行を計画してもらう。	【地域支援事業】腰痛体操を行う。	運動型通所サービス	○○接骨院	○○○○年○月○日～○○○○年△月△日

【本来行うべき支援ができない場合】
妥当な支援の実施に向けた方針

総合的な方針：生活不活発病の改善・予防のポイント

○○さんが自分の店で働けるように，○○スポーツジムには通いはじめたばかりなので，体力に合わせた運動をして，継続しましょう。

計画に関する同意

上記計画について，同意いたします。

　　○○○○年○月○日　　　　氏名　○○○○　印

地域包括支援センター	【意見】
	【確認印】

あとがき

　2013年1月に「介護支援専門員の資質向上と今後のあり方に関する検討会」の中間的な整理がまとめられ，「自立支援のためのケアマネジメント」と「利用者像や課題に応じた適切なアセスメント」ができることなどが発表されました。これを受け，2016年度には介護支援専門員の研修カリキュラムを全面的に改定することになりました。この改定によって，「介護予防支援と介護予防ケアマネジメントの考え方」は学ぶものの，実際の介護予防サービス計画・支援計画のケアマネジメントプロセスを習得する演習はなくなり，これらを学ぶ機会は保険者（市町村）の研修などに委ねられることになりました。

　私は，介護支援専門員を指導してきた経験から，「自立支援のケアマネジメント」を初心者のケアマネジャーが身につけるには，要支援や要介護1程度の比較的軽度の方のケアマネジメントをすることが必要だと感じています。利用者本人が十分な意思表明と自己決定の力を持っている段階で本人と話し合い，共にアセスメント，ニーズを整理していくことが，何よりも利用者本位のケアマネジメントである自立支援ができると考えています。理想は，利用者が自分の状況を把握し，今後の人生や生活を考え，どのような困り事や今後のリスクがあるかを理解し，必要なサポートをイメージできることです。ケアマネジャーの役割は，地域にある介護保険サービスや市町村のサービス，地域で展開されているフォーマル・インフォーマルの資源を紹介しマネジメントすることです。そして，本人の持つ力，強みなどの内的資源を活かしていくために，基本チェックリストと興味・関心チェックシートを用いて，その人に合った質問をし，以前の生活を知り，現在の生活を豊かにするために生かしていくことが重要となります。

　介護予防ケアマネジメントは，本来の意味での自立（自律）支援，本人のライフプランを創るお手伝いをケアマネジャーとしてできる貴重な機会です。

　本書には，介護予防ケアプラン作成の質問例が数多く記載されています。また，実例を基にした事例も9事例掲載しております。ご多忙のなかこれら貴重な事例をご提供いただいた各地の地域包括支援センターや居宅介護支援事業所の管理者およびケアマネジャーの皆様には心から感謝申し上げます。本書を活用し，本人の行動変容につながる目標設定と具体策を複数提示していただけることを心より願っています。

奥田　亜由子

参考文献

1) 辻一郎監修,三菱総合研究所ヒューマンケア研究グループ編:実践事例で学ぶ介護予防ケアマネジメントガイドブック,中央法規出版,2007.

2) 服部真治,結城康博監修,総合事業介護予防ケアマネジメント研究会:入門 介護予防ケアマネジメント～新しい総合事業対応版～,ぎょうせい,2016.

3) 高室成幸:介護予防ケアマネジメント～「質問力」で磨こう アセスメントとプランニング～,中央法規出版,2007.

4) 高室成幸:30のテーマでわかる! 地域ケア会議コーディネートブック,第一法規,2018.

5) 介護支援専門員実務研修テキスト作成委員会編:［七訂］介護支援専門員実務研修テキスト 上巻,長寿社会開発センター,2018.

著者略歴

高室成幸(たかむろしげゆき)
ケアタウン総合研究所 代表

日本福祉大学社会福祉学部卒業。「分かりやすく元気が湧いてくる講師」として全国のケアマネジャー，社会福祉協議会，地域包括支援センター，施設リーダーの研修で活躍。その指導方法には定評がある。主なテーマは，ケアマネジメント，施設マネジメント，メンタルマネジメント，権利擁護と虐待予防，地域福祉，ファシリテーションなど。主な著書『地域包括ケア時代の施設ケアプラン記載事例集〜チームケア実践〜』（共著：日総研出版），『新・ケアマネジメントの仕事術』（中央法規出版），『ケアマネジャーの質問力』（中央法規出版），『ケアマネジャーの会議力』（中央法規出版），『ケアマネジャーの仕事力』（日総研出版），『「選ばれる福祉職場」になるための採用面接─複数面接＆実技観察』（メディア・ケアプラス），「ケアマネ・福祉職のためのモチベーションマネジメント」（中央法規出版），「地域ケア会議コーディネートブック」（第一法規出版），「本人を動機づける介護予防ケアプラン作成ガイド」（共著：日総研出版），「ケアマネ・福祉職のためのモチベーションマネジメント」（中央法規出版）ほか多数。

日本ケアマネジメント学会会員。日本福祉大学地域ケア研究推進センター客員研究員。

奥田亜由子(おくだあゆこ)（主任介護支援専門員・社会福祉士）
日本福祉大学　社会福祉学部　非常勤講師
ふくしの人づくり研究所　所長
日本ケアマネジメント学会理事　認定ケアマネジャー
日本福祉大学大学院 福祉マネジメント学修士

日本福祉大学社会福祉学部卒業後，知的障害者入所施設の生活指導員を経て，在宅介護支援センターでソーシャルワーカーとして勤務，平成11年から介護支援専門員も兼務し，特別養護老人ホームの施設ケアマネジャーと居宅介護支援事業所のケアマネジャーとしても実践を重ねる。介護支援専門員の実務研修・更新研修・主任介護支援専門員研修などの指導者となる。日本ケアマネジメント学会理事，愛知県介護支援専門員協会理事。

また，日本福祉大学と金城学院大学では，社会福祉士養成のためのフィールド実践演習のゼミや社会福祉援助技術論，相談援助演習などを非常勤講師として担当している。

著書は，『地域包括ケア時代の施設ケアプラン記載事例集〜チームケア実践〜』（共著・日総研出版）『ケアマネジメントの実務』（新日本法規出版）などの共著がある。

事例協力（順不同）

- 医療法人鴨和会
  井上医院ケアプランセンター
- 一般財団法人
  名古屋市療養サービス事業団
- 鶴巻地域高齢者支援センター
- 小牧市介護支援専門員連絡協議会
- 居宅介護支援事業所こまきの森
- ケアサポート双寿会
- ケアプラン小牧
- 御坊市地域包括支援センター
- 志木市地域包括支援センターせせらぎ
- 豊川市南部地域包括支援センター

本人を動機づける介護予防ケアプラン作成ガイド

2019年3月25日 発行　第1版第1刷
2023年8月14日 発行　　　第4刷

著者：高室成幸（たかむろしげゆき）　奥田亜由子（おくだあゆこ）Ⓒ

企　画：日総研グループ
代　表　岸田良平
発行所：日総研出版

本部　〒451-0051 名古屋市西区則武新町3-7-15（日総研ビル）　☎(052)569-5628　FAX (052)561-1218

日総研お客様センター　電話 0120-057671　FAX 0120-052690
名古屋市中村区則武本通1-38
日総研グループ縁ビル 〒453-0017

札幌	☎(011)272-1821　FAX (011)272-1822　〒060-0001 札幌市中央区北1条西3-2（井門札幌ビル）
仙台	☎(022)261-7660　FAX (022)261-7661　〒984-0816 仙台市若林区河原町1-5-15-1502
東京	☎(03)5281-3721　FAX (03)5281-3675　〒101-0062 東京都千代田区神田駿河台2-1-47（廣瀬お茶の水ビル）
名古屋	☎(052)569-5628　FAX (052)561-1218　〒451-0051 名古屋市西区則武新町3-7-15（日総研ビル）
大阪	☎(06)6262-3215　FAX (06)6262-3218　〒541-8580 大阪市中央区安土町3-3-9（田村駒ビル）
広島	☎(082)227-5668　FAX (082)227-1691　〒730-0013 広島市中区八丁堀1-23-215
福岡	☎(092)414-9311　FAX (092)414-9313　〒812-0011 福岡市博多区博多駅前2-20-15（第7岡部ビル）
編集	☎(052)569-5665　FAX (052)569-5686　〒451-0051 名古屋市西区則武新町3-7-15（日総研ビル）

・乱丁・落丁はお取り替えいたします。本書の無断写複製（コピー）やデータベース化は著作権・出版権の侵害となります。
・ご意見等はホームページまたはEメールでお寄せください。E-mail：cs@nissoken.com
・訂正等はホームページをご覧ください。www.nissoken.com/sgh

研修会・出版の最新情報は
www.nissoken.com

日総研　検索

高室成幸 奥田亜由子 の著書

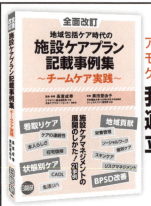

全面改訂
地域包括ケア時代の
施設ケアプラン記載事例集
～チームケア実践～

アセスメントから
モニタリングまで、根拠ある
ケアプラン立案がわかる！

我流ではなく、適切なケアプラン立案を事例で学ぶ

主な内容
・地域包括ケアと施設ケアマネジメント
・施設ケアプランのプランニング
・施設ケアプラン記載事例【特別養護老人ホーム編】
・施設ケアプラン記載事例【老人保健施設編】

増刷出来
B5判 272頁
定価 3,973円（税込）
（商品番号 601821）

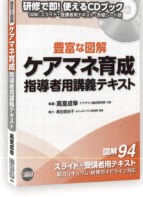

最新のケアマネジメントプロセス
から実習受け入れまで！
実績あるベテラン講師と
ケアマネ法定研修講師がコラボ

そのまますぐ使える講義シナリオ教本！

主な内容
・インテーク～受け付け，相談，契約，利用者情報の収集～
・利用者のアセスメント
・家族のアセスメント
・課題整理総括表の使い方
・プランニング～ケアプランの作成～
・サービス担当者会議～チームケアのつくり方～ ほか

B5判 2色刷 232頁
定価 3,870円（税込）
（商品番号 601841）

2023年度版 社会保障制度指さしガイド

新人相談員、MSW、
ケアマネや
退院支援看護師に最適！

患者に最適な制度の活用法がわかる！

伊東利洋
有限会社いとう総研 代表取締役

主な内容
・統計と政策動向
・保健医療
・介護
・高齢者・障害者・児童の福祉
・家計を支えるセーフティネット ほか

改訂出来
A4変型
オールカラー 320頁
定価 4,400円（税込）
（商品番号 601941）

ケアプラン点検お助けガイド
適切な書き方 見直し方

法令通知・自立支援に基づく

適切な記述・表現がわかる！

中村雅彦
主任介護支援専門員
JA長野厚生連
北アルプス医療センター
あづみ病院居宅介護支援事業所

主な内容
・ケアプラン点検とは何か
　ケアプラン点検の歴史 ほか
・ケアプラン点検の「基準」
　用語の定義，概念の整理
　自立支援のために
　理解しておくべき理論 ほか
・ケアプラン点検の実際
・Q&A

B5判 2色刷 96頁
定価 2,420円（税込）
（商品番号 601895）

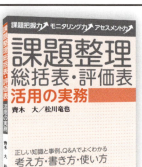

課題整理総括表・評価表 活用の実務
齊木 大／松川竜也

様式策定に携わった
メンバーが解説する、

正しい知識・事例・Q&A

齊木　大
株式会社日本総合研究所
創発戦略センター
シニアマネジャー

松川竜也
一般社団法人神奈川県
介護支援専門員協会 副理事長
ツツイグループ 医療法人徳寿会 顧問

増刷出来
B5判 154頁
定価 2,200円（税込）
（商品番号 601864）

主な内容
・ケアマネジャーが抱える課題と課題整理総括表の必要性
・事例の見直しに活用する例 ほか

デイサービス個別機能訓練 計画&実践プログラムDVDブック

令和3年度介護報酬改定版

「LIFE」の導入&活用！

張本浩平
株式会社gene 代表／理学療法士

梅田典宏
株式会社ジェネラス 理学療法士

大山敦史
リハライフプラン研究所 作業療法士

改訂出来
B5判 336頁
82分のDVD
定価 4,950円（税込）
（商品番号 601921）

主な内容
・リハビリテーションの観点から機能訓練を再考する
・通所介護での個別機能訓練計画の作成に求められる「多職種共同」の視点 ほか

詳細・お申し込みは　日総研　商品番号 601921　検索

電話 0120-054977
FAX 0120-052690（無料）